Ingrandimenti

Alessandra Borghese

LOURDES

I miei giorni al servizio di Maria

MONDADORI

L'Editore ha ricercato con ogni mezzo i titolari dei diritti iconografici senza riuscire a reperirli: è ovviamente a piena disposizione per l'assolvimento di quanto occorra nei loro confronti.

www.librimondadori.it

ISBN 978-88-04-57417-0

I edizione gennaio 2008

Indice

Lourdes

Agli amici (vecchi e nuovi) di Lourdes

Ancora una volta a Lourdes

Eccomi, sono qui, sono tornata.

Sì, ancora una volta – la ventesima, la ventunesima? non lo so, ho perso il conto – mi ritrovo su questa spianata, seduta nella prima fila delle panche in ferro smaltate di bianco.

Davanti a me la Grotta con la statua di Maria che qui ha voluto rivelarsi come Immacolata Concezione. I pellegrini sfilano ai piedi della Madre e, assorti in colloquio con lei, si tengono il più possibile vicini alla parete rocciosa, la accarezzano con dolcezza, la baciano quasi a cercare un contatto più intimo e profondo con colei che ha voluto fare di questo anfratto una delle sue più celebri dimore terrene.

Un po' scostati, sul lato destro, i contenitori nei quali vengono deposti i ceri votivi offerti a Maria dai visitatori e il grande candelabro a sei ripiani sul quale vengono accesi e spesso rinnovati dagli addetti al santuario. Più in là ancora, a sinistra, le bocche delle fontanelle della famosa acqua di Lourdes sgorgata tra le mani a Bernadette. Acqua cui i pellegrini attingono per bere subito, lavarsi la faccia o con la quale riempiono innumerevoli recipienti piccoli e grandi da portare a casa come ricordo e aiuto.

Tutto attorno, sul piazzale, un avvicendarsi continuo di carrozzelle con i malati che i volontari accompagnano con premura davanti a Maria. Alle spalle il mormorio leggero del fiume – il celebre Gave – che scorre veloce con la sua acqua che cambia così spesso colore.

E poi, ancora, le quattro basiliche; quelle più antiche – la Superiore e l'Inferiore – e quelle più recenti: la sotterranea, enorme, intitolata a Pio X, e l'ultima, multifunzionale, dedicata alla veggente Bernadette. Alle spalle di questa, gli edifici degli Accueils, le strutture in cui vengono assistiti i pellegrini malati. E poi la Prairie, la prateria, con la bianca tenda dell'Adorazione. In una parola, tutto il grande Domaine, il complesso del santuario, cintato, curato e mantenuto come una sorta di zona franca all'interno della città.

Ecco Lourdes. Ecco i suoi simboli che tutta la racchiudono. Questo borgo francese ai piedi dei Pirenei, piccolo ai tempi delle Apparizioni, nel 1858, ora una città che Maria con la sua presenza ha reso sacra. Un luogo che attira come una calamita ogni anno oltre sei milioni di pellegrini dal mondo intero, secondo solo alla capitale, Parigi, per numero di alberghi, e che sembra non conoscere crisi.

Sì, sono nuovamente tornata per respirarne ancora una volta l'atmosfera e poi iniziare, proprio da qui, una nuova avventura: queste pagine, questo mio piccolo dono da dedicare alla «Padrona di casa». Ho pensato che non ci fosse modo migliore per incominciare a parlare del mistero che ruota attorno a Lourdes che prendere le mosse dalla Grotta, cioè dal suo cuore stesso.

So bene che su Lourdes è stato detto e scritto ormai tutto. Potrebbe sembrare, dunque, non necessario tentare l'impresa di fare l'ennesimo libro. Eppure qualcosa più forte di me mi spinge a raccogliere la sfida. Anche perché a Nostra Signora di Lourdes questo omaggio lo devo, se non altro per tutte le attenzioni e sollecitudini che ha avuto nei miei confronti in questi anni. Anni fondamentali, non posso scordarlo, poiché segnati da un profondo e non sempre facile cammino di conversione.

Così, le pagine che seguiranno non intendono essere un'inchiesta giornalistica, né un saggio storico o teologico: piuttosto riflessioni, pensieri, emozioni di questo viaggio unite a quelle dei tanti altri che lo hanno preceduto. Appuntate semplicemente, come sulle pagine di un quaderno. Una personale, vissuta e sentita testimonianza.

A chi mi leggerà, chiedo solo di seguirmi con il cuore aperto, perdonandomi qualche ovvietà che probabilmente dovrò ripetere. Il mio desiderio è quello di condividere con altri l'esperienza sempre intensa di Lourdes. Con chi già conosce questo luogo perché possa riviverla. Ma anche, non voglio nasconderlo, di cercare di attirare l'attenzione di chi invece non ha mai visto la Grotta dei Pirenei affinché, affascinato dalla misteriosa storia che la circonda e dalla testimonianza di chi l'ha vissuta, scopra la voglia di conoscerla.

Perché, lo ripeterò spesso nelle pagine che seguono, ci si sente proprio bene in questa Grotta. Ogni volta è sempre più familiare. Eppure, a ben guardare, il luogo, pur essendo ben tenuto, non è eccezionalmente bello, non possiede alcuna vista mozzafiato. È una semplice insenatura della montagna dove un tempo si riparavano i maiali. Un posto, tutto sommato, abbastanza insignificante agli occhi del mondo.

Ma il disegno divino, che non segue certo le nostre povere mode, anzi spesso sembra divertirsi a spiazzarle, ne ha voluto fare, chissà perché, un luogo privilegiato, al punto che la Madre di Dio è scesa dal Cielo per eleggere questa Grotta a sua dimora. Un rifugio accogliente, aperto a tutti coloro che desiderano visitarla.

Don Vittorio, un pellegrino speciale

Gli amici mi attendono

Ho detto che sono venuta a Lourdes molte volte. In aereo con l'Opera romana pellegrinaggi o, più spesso, in treno, come sorella al seguito dei pellegrinaggi dell'Ordine di Malta. Oppure, in proprio, come hospitalière del santuario, ossia volontaria, per il servizio alle piscine. Ma stavolta è stato un po' diverso non solo perché ne voglio lasciare traccia in queste pagine ma anche perché, almeno nei primi giorni, mi accompagnerò a degli amici un po' speciali. Essi mi hanno attesa a Lourdes dove io sono giunta da Parigi, in aereo, atterrando a Tarbes, l'aeroporto più vicino.

Ormai sapevo come vanno le cose: la notte prima di partire non dormo mai bene. Ho sempre una certa eccitazione che mi fa stare in uno stato di dormiveglia. Gli occhi sono chiusi ma la mente è in continuo movimento. Anche stavolta, mentre aspettavo che facesse giorno, ho pensato al viaggio, al motivo intimo di questo mio nuovo pellegrinaggio, agli amici che mi attendevano, a quando sarei giunta alla Grotta. Ma ogni viaggio è una nuova esperienza, in se stessa unica e irripetibile.

Al contrario che sui voli charter organizzati appositamente, sul volo di linea non ho trovato persone visibilmente malate e i pellegrini, di certo numerosi, si mescolavano a gente comune che vive e lavora in questa zona del Paese ai piedi dei Pirenei. Tra di essi, un piccolo gruppo di signore libanesi della buona borghesia che chiacchieravano, ridendo e scherzando allegramente. Da quel che dicevano mi ero accorta che si stavano recando a Lourdes per prestare servizio presso il santuario. Sono stata davvero molto colpita dal fatto che, malgrado le guerre che continuano a ferire il Libano, ci sia ancora gente che da quel Paese martoriato si mette in viaggio per andare ad aiutare il prossimo fino nella lontana Francia. Ma forse è proprio il dolore che aiuta a capire il dolore.

Dopo un'ora e venti minuti di volo l'aereo ha iniziato la discesa verso la meta.

Mentre i motori ci guidavano verso il basso, abbiamo attraversato le nuvole; per qualche minuto dal finestrino si è visto soltanto un folto color grigio. La voce della hostess ci annunciava che tra pochissimo saremmo atterrati a Tarbes, cittadina che – varrà la pena ricordarlo – ha in comune con Lourdes non solo l'aeroporto ma anche, e questo fin dai tempi di Bernadette, monsignor vescovo.

Ed ecco, finalmente, la vallata di Bagnères de Bigorre, con qualche lago, la campagna coltivata e paesini sparsi qua e là. In lontananza i verdi Pirenei, prima di loro colline di abeti, cedri, platani e cipressi. Un dolce avvicinamento, anche se con il tempo nuvoloso, come spesso succede da queste parti.

Quando si arriva all'aeroporto di Lourdes-Tarbes la prima cosa che ti colpisce, attraverso i finestrini di plastica trasparente, sono le file di carrozzelle e le barelle allineate le une dietro le altre in attesa dei malati. Credo che in nessun altro aeroporto al mondo sia possibile vedere una scena simile.

Ad aspettarmi c'era, come sempre, René, il portiere dell'Hotel Moderne, quello in cui soggiorno abitualmente. Sapevo, per esperienza, che non perde occasione per servire al meglio i suoi clienti più cari e farli sentire i benvenuti. Ha circa sessant'anni, piccolo di statura, magrissimo, con un volto segnato dal tempo. È un uomo semplice ma conosco la passione e la determinazione con cui ha lavorato tutta la vita.

Venti minuti di macchina, giusto il tempo di scambiare due simpatiche battute e di confermarmi che i miei ospiti erano già ben sistemati in albergo, e siamo giunti in città. E io, come sempre quando arrivo a Lourdes, morivo dalla voglia di lasciare la valigia in albergo e di correre alla Grotta per dire a Maria: «Eccomi di nuovo qui, sono tornata».

Quel pauroso incidente

Tra gli amici che mi attendono c'è una persona a me particolarmente cara. Si tratta di don Vittorio Mazzuchelli, un giovane sacerdote dell'Istituto Cristo Re Sommo Sacerdote.

Chi ha letto il mio libro *Con occhi nuovi* conosce già don Vittorio e Gricigliano, la località sulle colline vicino a Firenze in cui ha sede questo Istituto. E conosce anche quanto io debba ai sacerdoti che vi risiedono, all'aiuto ricevuto in occasione della mia conversione, all'esperienza liturgica che mi è stato permesso di fare, all'appoggio fraterno che si è sempre espresso in un'accoglienza gentile e premurosa.

Adesso con il *Motu Proprio* di papa Benedetto XVI questo genere di seminari, dove vengono privilegiati la liturgia tradizionale, lo studio del latino e il canto gregoriano, sarà forse meno escluso dalla vita ecclesiale. Ma, come sappiamo, gli anni che hanno seguito il Concilio Vaticano II sono stati spesso caratterizzati da incomprensioni verso coloro che cercavano di opporsi a interpretazioni strumentali del vero contenuto conciliare. Tanto che papa Ratzinger ha sentito la necessità di ribadire spesso che il Vaticano II non va letto come una rivoluzione copernicana all'interno della Chiesa quanto piuttosto come un momento di aggiornamento e di riflessione, sempre però all'interno della continuità nella Tradizione.

Da tempo promettevo a don Vittorio che un giorno saremmo andati a Lourdes insieme. Qualche anno addietro, il viaggio era già stato organizzato fin nei dettagli ma, per motivi di forza maggiore, eravamo stati costretti a disdire tutto e a rinviare ad altra occasione. Sapevo bene quanto lo desiderasse: mi aveva confidato che ci pensava fin da quando aveva sette anni e che gli sarebbe piaciuto farlo con sua madre.

E, invece, la Provvidenza, unita a un po' di buona volontà da parte nostra, ha voluto che fossi lo strumento per realizzare questo suo sogno in un momento particolarmente difficile della sua vita. Quello legato a un pauroso incidente automobilistico avvenuto il 16 gennaio 2006.

Alla guida della sua automobile c'era un giovane seminarista romano, don Gabriele, uscito illeso dallo scontro. Don Vittorio, invece, era finito per più di un mese in coma. Sulle prime, i medici lo avevano dato per spacciato. Dicevano che i liquidi del suo corpo si erano trasformati in sali. Ma i sacerdoti, i seminaristi, le suore della congregazione femminile e gli amici si erano messi a pregare incessantemente. Anch'io mi ero unita a loro e mi ero fatta bambina davanti a Dio chiedendo con insistenza di salvarlo.

Dopo una lunga e angosciante attesa, don Vittorio si era davvero inaspettatamente risvegliato, pur con molti limiti neurologici. Aveva poi dovuto subire diversi interventi chirurgici, ritrovandosi infine bloccato su una sedia a rotelle a causa di una frattura multipla e frantumata del ginocchio. In tutto questo suo doloroso percorso era sempre stato assistito da don Gabriele che, con il permesso dei superiori, aveva rinviato il momento della sua ordinazione sacerdotale per dedicarsi anima e corpo alla cura dell'amico infermo. Forse un figlio carnale non avrebbe saputo fare lo stesso.

C'erano, dunque, tutte le premesse perché questo pellegrinaggio, ora possibile seppure con qualche precauzione, potesse svolgersi ed essere davvero speciale per tutti noi.

Quando decidiamo di andare alla Grotta ho il privilegio di spingere la carrozzella di don Vittorio proprio fin sotto alla roccia. Vicino a me, raccolti e silenziosi, ci sono anche sua madre Caterina e don Gabriele. Siamo tutti emozionati.

Don Gabriele, scherzosamente soprannominato dagli amici «il frigorifero consacrato» per l'abilità con cui riesce a tenere ben nascosti i propri sentimenti, davanti alla Grotta si intenerisce in fretta e non meno degli altri. Lo vedo così inginocchiarsi e chinare la testa con devozione e commozione. Non mi è difficile immaginare la stanchezza fisica e spirituale di questo giovane sacerdote per i lunghi mesi vicino all'amico sofferente. Forse anche qualche senso di colpa, seppure ingiustificato, per essere stato alla guida della vettura ed esserne poi uscito illeso. Deve essere stata una prova importante e decisiva nella sua formazione umana e sacerdotale. Un'esperienza di vita che credo gli abbia insegnato molto più di tanti trattati di teologia.

Più tardi ci racconterà del suo intenso momento di sfogo con Maria ma anche della rinnovata offerta a Dio, tramite sua Madre, di quell'anno passato accanto all'amico bisognoso. Una sorta di preghiera liberatoria, accompagnata dalla richiesta di sostegno alla Madonna per i giorni che verranno. Chi è già stato messo alla prova sa infatti bene che ogni giorno, ogni momento, è importante e unico.

Don Vittorio mi fa cenno di avvicinarmi, mi guarda negli occhi e sottovoce mi dice: «Dimenticatevi di me per un bel po', abbandonatemi qui nella Grotta». Mentre esaudisco il suo desiderio, di nuovo mi stupisco, pur essendo una habituée del santuario di Lourdes, dell'effetto immediato che la Grotta esercita su ogni persona.

E, al contempo, proprio in questo luogo che ricorda le Apparizioni di Maria a una ragazzina semplice e poverissima, non posso non riflettere per una volta ancora di come Dio, per realizzare il suo piano, abbia sempre scelto non certo gente importante e famosa ma persone semplici e disponibili, pure come l'acqua. Anzitutto Maria stessa. Poi, al suo seguito, uomini, donne, vecchi e bambini che aderissero senza resistere alla sua azione. Quegli umili del Vangelo come, appunto, Bernadette Soubirous o i pastorelli di Fatima. Piccoli, spesso poveri e analfabeti, che sembrano essere stati come preservati dagli effetti devastanti del peccato. Quelli di cui parla la Scrittura, quei «bambini e lattanti» dalla cui bocca si eleva la lode al Signore!

Bernadette, la veggente di Lourdes, ne è, come vedremo, certamente il prototipo: una santa semplice, una bambina poverissima, ricca solo di Dio. Una ragazzina che ha sofferto molto e che poi, anche in convento ha, fra le altre pene, dovuto sopportare l'invidia delle suore.

Dopo qualche ora, in tarda mattinata, recupero don Vittorio alla Grotta. Prima di tornare in albergo facciamo una passeggiata lungo il Gave.

Mi racconta che là, davanti alla Madonna, ha provato la stessa sensazione che aveva avvertito a Nazareth, durante il pellegrinaggio in Terra Santa. Per lui a Lourdes la presenza di Maria è forte al punto da poter essere paragonata a quella che aveva avvertito in un luogo dove la Madre di Gesù aveva vissuto per molto tempo. «Ho sempre amato il Rosario,» mi dice «ho sempre recitato tutti i misteri tutti i giorni. Ma qui sto scoprendo e provando un gusto ancora più completo e particolare nel recitarlo. È come se Maria mi stesse vicino per rincuorarmi, come se mi toccasse con il suo amore. Sento delle onde di dolcezza salire dal cuore. Mi sono accorto come questa mia sedia a rotelle sia una sorta di trono di grazia. Dopo l'incidente» aggiunge «mi sento profondamente ascoltato nella preghiera. Ho certamente sviluppato un modo diverso di guardare a quanto mi circonda. Vedo il mondo con gli occhi di un bambino a cui tutto viene dato gratuitamente.»

Sono parole profonde, intense, ricche di significato perché pronunciate da un vero testimone della sofferenza. Mi pare che proprio per questo assumano una solennità particolarissima.

Non avevo mai chiesto a don Vittorio di raccontarmi del suo incidente. Mi sembra che si sia creato il momento opportuno. Con un filo di voce, segnata da un sentimento di paura non ancora svanito, inizia il suo racconto: «Era sera, pioveva forte. Le macchine sfrecciavano veloci con i fari accesi. Poi, all'improvviso, un Tir ci prese in pieno. Ricordo i grandi fari che ci venivano addosso e le mie parole "Signore misericordia, perdono, arrivo". Ho avuto la coscienza di capire che sarebbe finita lì. Poi il rumore assordante dello scontro entrò nel mio corpo, le lamiere che penetravano nella carne e la voce di don Gabriele che implorava: "Non ci lasci, la prego, resti con noi"».

Durante il mese di coma profondo nell'ospedale di Rifredi, a Firenze, ero andata anch'io a trovare don Vittorio. Con un permesso speciale ero entrata nella sala rianimazione, passando una buona oretta al suo capezzale.

Constatare la gravità delle sue condizioni era stato per me uno vero shock. In un primo momento ero rimasta ammutolita. Poi, presa dalla forza dell'amore, avevo provato a parlargli, anche se sapevo che era in coma profondo e che, molto probabilmente, non mi avrebbe potuto ascoltare. Gli avevo raccontato della mia vita, dei miei impegni per la presentazione dei libri, degli amici di Roma, di quello che stava succedendo nella Chiesa, del Santo Padre, della bellissima enciclica *Deus Caritas Est*.

Prima di andar via, avevo appoggiato sulla testata del suo letto in ferro una piccola Madonna di Lourdes in plastica colma di acqua del santuario. Poi, appena fuori, ero rimasta a fare due chiacchiere con il dottor Grifoni, l'uomo che ha salvato la vita a don Vittorio. Ricordo come se fosse ora che, mentre stavamo parlando, avevo iniziato a sentire un dolore fortissimo alle gambe, come se una morsa di acciaio non mi permettesse più di muovermi e mi tenesse bloccata. L'emozione e la stanchezza, mischiate a un po' di paura per il mistero di sofferenza e di morte che circondava quegli eventi, mi avevano fortemente provato.

Un bagno nella Grazia

Intanto, il nostro pellegrinaggio continua. Così, nel pomeriggio, don Vittorio mi chiede di essere accompagnato alle piscine.

So che sta aspettando questo momento con grande fervore e speranza. Molte volte gli ho raccontato nel dettaglio il mio servizio alle piscine ed egli, dimostrando un vero interesse per l'argomento, mi ha sempre riempito di domande dettate dalla curiosità. Sono certa che, in cuor suo, vorrebbe che fossi io a immergerlo nell'acqua gelida della vasca. Non voglio deluderlo dicendogli di no. Però conosco molto bene le regole vigenti nel santuario e la netta separazione dei servizi tra uomini e donne riguardo alle piscine. Poiché però, mentre parliamo, inizia a piovere, cesso per il momento di pensare a questo problema concentrandomi invece sulla preoccupazione di trovare il prima possibile per don Vittorio una carrozzella blu con tettuccio di copertura, tipica del santuario di Lourdes. Il mezzo di spostamento di certo più comodo e caldo per i malati in caso di cattivo tempo.

Mi incammino così verso il deposito assai fornito degli Accueils quando, imprevedibilmente, lungo la strada incontro un consigliere dell'Hospitalité del santuario addetto proprio al servizio piscine. Lo conosco bene. Ci salutiamo con simpatia mentre gli racconto del mio pellegrinaggio particolare e della storia di don Vittorio. Rimane toccato dalla vicenda e, per venirci incontro, mi invita a portare don Vittorio alle piscine alle cinque del pomeriggio, subito dopo la chiusura al pubblico.

Arriviamo puntualissimi all'appuntamento. In via del tutto speciale, mi viene permesso di fare la preghiera preparatoria al bagno insieme a don Vittorio e a don Gabriele. Poi, gli uomini addetti al servizio chiudono le pesanti tende a strisce bianche e blu per iniziare il loro lavoro. Mi siedo su una panchina fuori dall'edificio delle piscine e mi metto a recitare un Rosario dedicato all'amico sofferente.

Passa una buona mezz'ora. Poi, dopo il bagno, don Vittorio esce e si avvicina. Mi accorgo subito che ha il volto illuminato, raggiante. Sembra rinato. Mi sussurra all'orecchio: «Questa volta la Madonna la Grazia me l'ha veramente fatta. Non sentivo il Signore così vicino dai tempi dell'Ordinazione sacerdotale!». Lo ascolto con interesse ma non prendo alla lettera le sue parole. Certo non è guarito fisicamente. È ancora lì nella sua carrozzella, però ha di sicuro rinnovato la sua speranza e rafforzato la sua fede. Ancora una prova che Maria è la Madre della tenerezza, e che Lourdes è un luogo privilegiato. «Ciò che mi attrae di più verso Dio» mi dice «è il sentirmi amato. E non si può amare se non ci si sente amati.» Anche il suo tono di voce è cambiato, è più forte e sicuro.

Tornando verso l'albergo mi racconta di aver sempre, da buon genovese, associato Bernadette a Benedetto Pareto, a cui apparve la Madonna nel 1490 a Genova. Benedetto era un pastore che durante la bella stagione ogni giorno saliva il pendio del monte Figogna che sovrasta Livellato, per far pascolare le sue pecore. La moglie interrompeva la sua giornata portandogli da mangiare fin lassù. Un giorno di fine agosto, mentre Benedetto la aspettava, vide avvicinarsi una signora bella e splendente, che si presentò come la Madre di Gesù. Dopo averlo confortato gli chiese di costruire una cappella sul monte. Il pastore, pieno di paura, rispose di essere povero per fabbricare su quel monte un edificio che richiedeva certamente molti soldi. Ma Maria lo rassicurò: «Non aver paura. Sarai molto aiutato».

Benedetto le prestò fede e, pieno d'entusiasmo, corse a casa per raccontare dell'incontro miracoloso. La moglie incredula lo derise dicendo: «Finora voi siete stato considerato un uomo semplice, d'ora in poi sarete ritenuto anche pazzo».

È la storia della famosa Madonna della Guardia, tanto venerata dal popolo genovese. È stata chiamata così perché è apparsa in un luogo alto dalla cui posizione strategica era possibile avvistare navi o eserciti nemici. Ma qualcuno dice anche per mettere in guardia il mondo dalla nuova grande scoperta dell'America che sarebbe avvenuta pochi anni dopo.

Soltanto facendo cadere tutte le nostre obiezioni, solo rimanendo in un vero silenzio davanti a Dio possiamo intenderne la voce. E i semplici hanno sicuramente un canale privilegiato. In questo Benedetto e Bernadette sono molto simili.

Sembrava il calvario di Cristo

Il secondo giorno a Lourdes mi do da fare affinché don Vittorio possa celebrare la santa Messa nel Monastero delle Clarisse in rue de la Grotte. So che le suore hanno una cappellina al piano terra con un altare accessibile ai preti in carrozzella. È l'ideale per l'amico infermo. La madre abbadessa, originaria di Prato, vive da quarantasette anni a Lourdes e certamente sarà contenta di conoscere e di aiutare un sacerdote toscano d'adozione.

Prima di uscire, sorseggiando un caffè al bar dell'albergo, don Vittorio mi racconta che durante la notte appena trascorsa ha ritrovato il sonno dopo mesi in cui non riusciva a dormire a causa dei forti dolori. «Mentre recitavo il Rosario alla Grotta ho avuto la netta impressione che la Madonna mi ascoltasse. Non mi sono mai sentito così accolto e amato. Oltre al sollievo fisico, dopo il bagno alle piscine ho provato una rinascita spirituale fortissima, un abbraccio caldo e dolce. Stamattina quando mi sono svegliato, non ho provato soltanto la sensazione dell'aver dormito bene, ma soprattutto quella di sentirmi in forze, riposato e senza quella sofferenza fisica che da mesi mi attanagliava togliendomi quasi il respiro. Sarà stata la preghiera con la Madonna nella Grotta, o forse il vedere mia madre contenta di essere qui con me. Non lo so, ma sono veramente felice. Lo ripeto, la Madonna mi ha fatto la Grazia. Mi ha riconfermato ancora una volta nella sua tenerezza di Madre facendomi sentire un suo piccolo che non deve temere nulla perché lei gli è accanto.»

Prima della Messa chiedo a don Vittorio di confessarmi per poter fare la comunione con il cuore puro. Lui, in carrozzella, mi ascolta con palpabile amore. Spesso si inserisce e con dolcezza approfondisce ciò che gli dico. Cerca di guidarmi con l'apprensione di un padre che vuole bene al figlio. Mi consiglia poi di avere più carità nei miei confronti: «La carità inizia con se stessi ed è la parte più difficile perché ci obbliga a metterci in discussione». Come penitenza mi suggerisce di iniziare la giornata con la preghiera allo Spirito Santo, seguita dalla recita del *Credo*. «Lo faccia» mi esorta con convinzione. «È un inizio di giornata che ci inserisce subito in modo chiaro e forte nella nostra fede.»

Durante la consacrazione vedo nel volto di don Vittorio la fatica fisica di alzare l'ostia e poi il calice. Sembra che stia sollevando un peso enorme. È netto il contrasto con l'espressione di sollievo del suo volto nel momento in cui li depone nuovamente sull'altare. In lui rivedo il calvario di Gesù Cristo. Non posso evitare che mi scorrano velocemente davanti agli occhi le immagini e i ricordi di quando giocava a calcio con i parroci toscani, oppure guidava il trattore su e giù per i campi in occasione della vendemmia o, allegro come un ragazzo, faceva correre la mia cagnetta Pucci nei verdi prati di Gricigliano.

A Lourdes si dà e si riceve molto

Una palestra di vita

Negli ultimi dieci anni sono tornata spesso a Lourdes, perché sento che è importante per la mia vita e la mia fede. Questo luogo mi attrae in modo particolare; mi sembra che qui il diaframma che ci separa dal Mistero si faccia così sottile da diventare quasi trasparente.

Vi giunsi la prima volta all'età di diciotto anni. Fu la mamma a insistere. Accompagnare i malati in pellegrinaggio faceva parte delle esperienze che una ragazza di buona famiglia doveva fare. Nonostante a quel tempo fossi assai distratta e poco propensa ai discorsi religiosi, mi piacque molto.

Ciò che mi colpì di più allora fu il clima che si respirava tra le persone addette al servizio dei malati. Eravamo tutti giovanissimi, con nessuna o poca esperienza verso i sofferenti, eppure, per qualche strana alchimia, riuscivamo a svolgere il nostro lavoro con allegria e senza intoppi. Fin da quella prima volta sono sempre stata attentissima a seguire gli ordini alla lettera perché ho immediatamente capito che l'essere malleabile e disponibile verso i superiori è un atteggiamento fondamentale per la riuscita del pellegrinaggio.

Credo sia molto importante introdurre i giovani all'esperienza di Lourdes perché può aprire loro una visione della vita più profonda, più umana, che dia il giusto spazio alla speranza. Trascorrere qualche giorno in questo santuario mariano ai piedi dei Pirenei, al servizio dei malati, può essere per loro una palestra di vita che educa alla solidarietà e alla disponibilità, facendo capire che esercitare la carità non significa soltanto dare qualcosa, ma anzitutto donare se stessi.

All'anticultura della morte, che spesso si esprime nella droga, Lourdes contrappone l'amore. Un amore che non cerca se stesso, il proprio successo ma che, nella disponibilità ad aiutare l'altro, si trasforma in evidente cultura della vita.

Penso che uno dei motivi per cui i giovani sono attratti dalla figura di Bernadette sia il fatto che ella non ha avuto una vita facile, che ha sempre dovuto lottare. Essere giovani è bello ma è spesso difficile. Scegliere la strada da percorrere non è sempre ovvio. Così, per loro, Bernadette diventa una testimone credibile proprio perché, malgrado le difficoltà, è riuscita a mantenere viva la speranza durante tutta la sua vita, senza mai perdersi d'animo. E che cosa sarebbe mai l'uomo senza la speranza?

Dopo aver riconquistato la fede, dovevo in qualche modo mantenerla viva. Per questo, dopo la conversione, ho desiderato tornare a Lourdes con più costanza, e la città di Maria è divenuta per me un appuntamento irrinunciabile. Cerco di recarmi a Lourdes due volte all'anno: una volta partendo da Roma con il treno o l'aereo per il pellegrinaggio organizzato dall'Ordine di Malta, e, l'altra, privatamente, come hospitalière del santuario per assistere i malati alle piscine.

Ogni volta questo viaggio è per me un'esperienza nuova e singolarissima, un tuffo nella fede, nella Grazia, nella carità. Ciò mi aiuta molto perché nella vita normale – in questa società che proclama il valore dell'avere più che dell'essere, in questa nostra cultura che cerca di livellare tutte le verità in modo che non ce ne sia più una sola, autentica e solida – non è facile sfuggire alla confusione.

Fra l'altro, ho sempre dovuto fare i conti con il mio temperamento forte e la mia grande vitalità. Così, quando mi trovo in difficoltà, penso a Lourdes, a tutto quello che mi ha dato e insegnato, e ritrovo la pace. Confesso con sincerità che non so se, senza Lourdes, ce la farei. Per questo ci torno più spesso che posso.

Il viaggio in treno

Soprattutto il pellegrinaggio in treno è sempre un'esperienza molto forte. Tra i malati c'è tutta una ridda di sentimenti che vanno dal timore, all'irritazione, alla gioia. Gli scompartimenti sono piccoli, le cuccette scomode, nei vagoni spesso manca l'aria condizionata. Il treno è scelto per motivi più che altro economici e di spazio, e per i malati ne serve molto.

Le ore trascorse insieme legano gli infermi tra loro e con il personale. Si crea, via via che il tempo passa, un clima sempre più simpatico e familiare. Noi del personale di servizio dobbiamo adoperarci in tutti i modi per rendere queste ore meno pesanti. Ogni fermata (e sono molte) per attaccare altri vagoni e caricare altri malati viene vissuta come la tappa di avanzamento verso il luogo santo al quale si è diretti, così a lungo desiderato. Più ci si avvicina alla meta, più l'atmosfera diventa profonda e spirituale.

Ma c'è anche gioia, perché si respira in un certo senso un'aria di «vacanza» (spesso si tratta di persone che non escono quasi mai da casa). E si condivide una grande speranza, che nasce dalla fede tua rafforzata da quella degli altri. I gesti, spesso, dicono molto più delle parole: un sorriso, una mano appoggiata sulla spalla in segno di sostegno, uno sguardo comprensivo. In certe situazioni ogni sentimento viene amplificato.

Malgrado le difficoltà, tutto in genere scorre via fluidamente. Molte volte ho come avuto l'impressione che a guidare la carovana ci fossero degli angeli celesti protettori. Certo, non mancano le incomprensioni, i piccoli litigi, le stizze di orgoglio. Siamo ancora sulla terra e ci è dato tribolare.

Di solito il treno parte la mattina presto da Roma. Si passa la frontiera verso mezzanotte e a Lourdes si arriva verso le nove e trenta del mattino successivo: oltre ventiquattro ore di viaggio. Il tempo giusto perché ci si conosca un po', si prenda confidenza, ci si raccontino i propri guai e le proprie attese.

Il popolo dei pellegrini malati non è di certo omogeneo. Alcuni hanno maggiori resistenze dovute a grandi sofferenze fisiche e psichiche. Altri provano ribellione per la loro situazione di dipendenza, altri ancora, al contrario, cercano di godere il più possibile dell'opportunità di essere serviti e riveriti.

Non tutti hanno la fede. Alcuni affrontano il viaggio in maniera apparentemente superficiale, non vogliono parlare di Maria e di Gesù, e di Bernadette sanno poco o niente.

Questo succede però di solito soprattutto all'andata perché è difficile tornare da Lourdes con lo stesso animo con cui si era partiti. Per farlo, occorre aver resistito con tutte le proprie forze alla Grazia! La manifestazione di fede che si ripete di continuo in quel luogo, a ogni ora del giorno e della notte, non lascia indifferente nessuno. All'interno dei cancelli del santuario si può davvero esclamare: «Io credo perché ho visto. Ho visto Gesù in mezzo a noi e sua Madre, Maria, intercedere continuamente per noi».

Una divisa per servire

La mia emozione inizia quando preparo la mia piccola valigia e indosso l'uniforme da sorella, oppure quando sui miei abiti civili spillo la medaglia del santuario che non è una decorazione fra le altre, ma il segno di riconoscimento che si è al servizio di Maria. Il fatto di poter aiutare non è, infatti, né un merito, né un titolo di vanto. Questo compito è Grazia. Così, chi è in condizione di aiutare, alla fine non può non riconoscere che in tal modo viene aiutato anche lui. Forse è per questo che i settemila volontari – provenienti da ogni parte del mondo – sono così numerosi, nonostante si debbano finanziare il viaggio e il soggiorno. Perché sì, incredibile ma vero, a Lourdes si paga per servire.

In quei momenti mi sento forte e utile per quel che andrò a

fare. Talvolta mi accorgo che persino il mio modo di camminare cambia; il ruolo mi fa stare diritta, fiera, pronta a servire.

Però la parola chiave del pellegrinaggio è «umiltà». Umiltà da parte dei malati costretti a esporre la propria infermità, spesso le proprie deformità. Umiltà nostra verso di loro e tra noi collaboratori. Siamo lì per gli infermi, per prestare aiuto materiale e spirituale. Umiltà che diventa sforzo per creare un clima di amicizia allegra e di entusiasmo, per cercare di coinvolgere i partecipanti nei programmi previsti.

Occorre essere attenti e vigilanti per captare i sentimenti dei malati, per servirli nei loro bisogni, confortarli, aprirli alla fede e alla speranza. Si va da Maria, la Madre, per affidare alle sue mani il proprio dolore, la propria malattia, la propria speranza.

Ogni giorno, in silenzio, migliaia di ammalati, di accompagnatori e pellegrini sfilano devoti sotto la statua della Madonna nella Grotta. Ognuno ha nel proprio cuore un desiderio, una promessa, un voto. Molti sperano nel miracolo di essere ascoltati e di guarire. Sappiamo, tuttavia, che il miracolo assai più frequente, quello sicuro che Lourdes regala a tutti coloro che lo accolgono, accompagnatori compresi, è la guarigione del cuore.

Quando vado a Lourdes come hospitalière lavoro alle piscine. Lì, il contatto con le persone è breve e veloce. Come personale di servizio, prima di iniziare il lavoro di assistenza, recitiamo il Rosario esprimendo a voce alta le nostre intenzioni. Poi, ci concentriamo nel nostro compito, pregando continuamente con il cuore per chi è venuto a bagnarsi.

È un'umanità dolente quella che ci sfila dinanzi. Le deformità talvolta sono tali da rendere difficile persino togliere i vestiti. La miseria umana fa paura a tutti. L'unico modo vero per accettarla credo stia nel vedere il corpo di Gesù in quei corpi martoriati, umiliati dalla malattia.

Non ho mai vissuto il mio servizio come un attivismo, un volontariato sociale. Mi sarebbe impossibile riuscire a fare certi compiti senza un amore più grande che mi guida. Papa Benedetto XVI ci ha ben spiegato che «i collaboratori che svolgono il lavoro della carità nella Chiesa non devono ispirarsi alle ideologie del miglioramento del mondo, ma farsi guidare dalla fede che nell'amore diventa operante». Per il papa le persone che aiutano il prossimo «devono essere mosse innanzitutto dall'amore per Cristo, persone il cui cuore Cristo ha conquistato con il suo amore, risvegliandovi l'amore per il prossimo». Per questo, per noi cristiani, i malati perpetuano nella loro sofferenza il Mistero della Croce. E sempre per questo mi butto nel mio servizio a testa bassa, cercando di fare il massimo che posso.

Gli sguardi delle persone che stanno per immergersi sono sempre toccanti. Portano dentro i sentimenti di vergogna, di paura ma anche di speranza che li animano. Quando si arriva davanti alla piccola vasca in pietra grigia con in fondo la statuetta della Madonna si è spesso provati da lunghi tempi di attesa all'esterno. In alcuni giorni di particolare afflusso si può aspettare anche fino a due ore. Ma non è tempo perso: si canta, si prega, si medita.

Le reazioni al bagno nelle piscine sono diversissime tra loro. L'emozione e il forte desiderio di bagnarsi possono provocare comportamenti imprevedibili, per questo bisogna essere molto vigili e non lasciare spazio a distrazioni. Tutti i pellegrini rimangono scioccati dalla gelida temperatura dell'acqua e poi sorpresi nel ritrovarsi, appena fuori, quasi asciutti. L'acqua che alimenta le piscine è la stessa che sgorga dalla sorgente della Grotta. Alle piscine non esistono asciugamani, tutti si immergono avvolti in un telo bianco e poi si rivestono rapidamente.

Al termine del servizio, anche noi *piscinières*, se lo vogliamo, possiamo bagnarci in quella stessa acqua in cui abbiamo aiutato a immergersi ogni sorta di infermi, alcuni con piaghe purulente e sanguinanti. Alla fine della giornata l'acqua è sporca. Eppure nessuno è mai stato contagiato durante quei bagni.

Quando lo faccio, provo una grande emozione ed è come se fosse sempre «la prima volta». Al Mistero e alla Grazia non ci si può mai abituare. Il bagno di chi ha servito è una prova significativa, un gesto liberatorio importante. Un sentimento di benessere pervade tutto il corpo, come se quell'acqua ci rendesse più forti. Questo gesto di abbandono rafforza la fede e il desiderio di servire con ancora più amore.

Lourdes mi dà ogni volta tantissimo. Ogni esperienza in quel luogo è unica e indimenticabile. Sento che la mia fede si rinnova, la mia carità si approfondisce, il cuore si apre agli altri e a Dio. Certo, rimanere con lo spirito di Lourdes nella vita di tutti i giorni non è facile, anzi direi che è una vera e propria sfida. Ma è altrettanto vero che chi ha conosciuto e amato il miracolo di carità che ogni giorno si compie in questa città mariana è certamente facilitato.

Per questo mi do da fare per diffondere la conoscenza di Lourdes e portarvi gli amici. Ogni tanto qualcuno di loro accetta e poi, alla fine, sempre mi ringrazia perché da quel momento si è creata una complicità particolare. Da allora in poi abbiamo in comune qualcosa di molto prezioso.

Qui si guarda al dolore in modo diverso

Per un lungo periodo, dopo la mia prima volta a Lourdes e quell'immersione nella fede a diciotto anni, la religione non ebbe più un ruolo significativo nella mia vita di ragazza e di giovane donna.

Per anni mi conformai a una mentalità che va per la maggiore, dove essere cattolici praticanti sembrava una cosa vecchia e polverosa, non di certo consona a una donna emancipata e libera. Un paradosso che ancora oggi riscontro in molti ambienti, dove va bene parlare di spiritualità e ricerca del senso della vita, ma di certo non attraverso la forma cattolica tradizionale. In poche parole, per la vulgata corrente, chi è cattolico praticante è un bigotto rétro, mentre chi pratica lo yoga o segue le filosofie orientali oppure le diverse forme di esoterismo è considerato, quello sì, in sintonia con i tempi.

Eppure, a distanza di molto tempo, con gli occhi e il cuore della fede, posso affermare che quella formazione religiosa ricevuta da piccola dalle suore del Trinità dei Monti a Roma e poi quel viaggio a Lourdes non sono stati vani. Da qualche parte, dentro di me, erano stati gettati dei semi. È vero, tuttavia, che per molti anni erano mancati loro l'acqua e il sole necessari per germogliare, per crescere e diventare così alberi robusti. Una dinamica simile a quella della parabola che si legge nel Vangelo, sulle prime non sempre comprensibile. Ma che poi, rileggendo, con il tempo si capisce sempre più.

Mi rendo conto che Lourdes ad alcune persone che la guardano dall'esterno possa apparire come una sorta di infernale girone dantesco. Una specie di enorme imbuto che raccoglie gran parte del dolore del mondo. Un luogo triste, sempre pieno di poveri sofferenti che vi si aggirano in cerca di una speranza che potrebbe essere solo un'illusione.

I miei anni di assidua frequentazione mi hanno invece portato a credere che l'esperienza che si fa in questo santuario ha la capacità di far penetrare facilmente in quella che la tradizione cristiana chiama la «scienza della Croce». E questo perché l'amore di Maria, che qui si avverte palpabile, aiuta a capire Gesù meglio che altrove, quella sua sofferenza fino alla morte, ma poi anche quella sua Risurrezione che ha vinto per sempre il male. Qui si intuisce, proprio per intercessione della Madre, che ci si può fidare di Dio e che il dolore che in un modo o nell'altro ci riguarda non porta al nulla bensì, a imitazione di Cristo, sfocia nella vita. Qui a Lourdes ciascuno di noi avverte che Maria sta ai piedi della nostra Croce proprio come stava ai piedi di quella di Gesù sul Calvario, duemila anni fa. Qui il male, da tragedia senza spiegazione, si trasforma pian piano in un Mistero di amore e di salvezza. In poche parole, a Lourdes, la sofferenza condivisa nella fede e nell'amore reciproco tra sani e malati, accompagnata dall'amore materno di Maria, si fa più leggera fino ad apparire accettabile e ricca di significato.

Per questo molti vi tornano regolarmente sia malati che sani. I primi per ritemprare il loro spirito e la loro fiducia e i secondi per lavorare. Da parte mia, mi sono trovata spesso a meditare sul senso profondo del servizio agli ammalati. E sono arrivata alla conclusione che essere servitori non è certamente un mestiere. Il servitore non si mette mai davanti: arriva quando viene chiamato; non parla per comandare ma per aiutare. Chi serve non è la luce ma può essere la mano che aiuta a tenere alta la fiammella. Perché il servitore è colui che cerca di procurare benessere e diminuire le pene al suo assistito.

Tutto ciò, ovviamente, non sempre è facile da mettere in pratica. D'altro canto, come già dicevo, chi è malato prova sentimenti forti e confusi che vanno dalla rabbia alla resistenza, fino alla gioia. Quello che posso dire, dopo tanti anni di servizio, è di aver visto molti malati sereni a Lourdes, pochissimi tristi o peggio ancora disperati.

Chi decide di andare a Lourdes ha quasi sempre un peso nel cuore, una propria sofferenza che lo appesantisce. Per questo durante il viaggio di andata le aspettative si mescolano alle paure. La paura più grande, oltre alla solitudine, è quasi sempre quella di non essere capiti e amati.

Durante un pellegrinaggio, malati e personale di servizio si ritrovano a vivere insieme, gomito a gomito, per alcuni giorni. Si crea di conseguenza un'atmosfera familiare e particolare. L'obiettivo comune è trovare pace e benessere. Come aiutare il malato che ci è stato affidato a raggiungere tale obiettivo può invece essere un compito che varia a seconda delle persone, del loro stato, della loro età, della malattia che li ha colpiti. Tra le molte esperienze di questi lunghi anni di servizio una, in particolare, mi si affaccia alla memoria. Quella che mi capitò i primi tempi quando mi muovevo ancora con incertezza tra mille dubbi sul da farsi.

Ero stata assegnata al trasporto dei malati, un servizio apparentemente meno impegnativo perché più coinvolgente sul piano fisico che su quello medico e spirituale, per questo spesso affidato ai nuovi arrivati.

Mi fu consegnata una giovane donna malata di tumore. Aveva da poco iniziato la chemioterapia e il dottore mi aveva spiegato che la sua malattia era purtroppo incurabile. La signora si chiamava Mariella e aveva poco più di quarant'anni. Avvertivo che il suo atteggiamento nei miei confronti era di totale chiusura. Il suo sguardo distaccato sembrava giudicarmi, quasi a voler dire: «È facile per te venire a Lourdes, aiutare un sofferente, pulirti la coscienza e poi tornare a casa soddisfatta, mentre io, povera malata, continuerò la mia tribolazione». Non sapevo come prenderla e cosa fare. Pensai di proporle una sosta alla Grotta; lei non oppose resistenza e annuì con indifferenza.

Ci ritrovammo insieme ai piedi di Maria. Non saprò mai quello che passò nel suo cuore mentre ricordo ancora oggi assai bene la mia insistente richiesta di aiuto alla Madonna. Pregavo, chiedendo di rendermi capace di assistere la mia malata nel modo più giusto per lei. Dopo qualche minuto di silenzio, le proposi la recita del Rosario. Mariella mi guardò ancora con lo stesso sguardo di prima come a volermi dire: «A che serve il Rosario se non cambierà nulla nella mia vita!».

Iniziai la recita sottovoce, da sola. Ma verso l'ultima decina, sentii la tenue voce di Mariella unirsi alla mia per pronunciare l'*Ave Maria*. Allora la presi sottobraccio e le strinsi forte la mano. Due lacrime scendevano dai suoi occhi. Credo che in quel momento si sia sentita amata. Da allora, il suo atteggiamento cambiò radicalmente. Mi fu riferito che dopo il ritorno a Roma continuò a parlare di Lourdes con tanto entusiasmo.

L'aiuto tra chi serve e chi è servito è tuttavia reciproco. Così, qualche volta sono i malati stessi o chi condivide la vita con loro a permetterci una grande esperienza spirituale. Anche in questo caso mi accompagna un ricordo tenero e insieme terribile che non potrò scordare mai.

Era un pomeriggio e prestavo servizio alle piscine dei bambini. Era la prima volta poiché, a differenza che per gli adulti, questo tipo di servizio viene in genere affidato a dei volontari. Immaginavo le motivazioni di questa scelta ma non mi ero mai fermata ad analizzarle non essendo, in realtà, attratta da quel tipo di impegno. Probabilmente perché a livello inconscio lo temevo.

Quel giorno però c'era poco personale e molto lavoro da

svolgere. Così, quando la responsabile pose a tutte noi schierate in attesa dei compiti, e per ben tre volte, la domanda: «Altre volontarie per le piscine dei bambini?» non potei più esimermi dal rispondere. Avevo appena iniziato a fare un piccolo cenno con la mano che venni subito reclutata.

La prima ora di lavoro scivolò via senza grandi intoppi. Poi, a un certo punto, entrò una giovane donna con un bambino in braccio e per mano una ragazzina ritorta su se stessa che a mala pena riusciva a mettere un piede davanti all'altro. Aveva la testa ripiegata in avanti e il mento attaccato al petto tanto che non riuscii a scorgere minimamente il suo volto.

La capopiscina mi disse di occuparmi di lei, di spogliarla e prepararla al bagno. Solo allora vidi la sua faccia, se così la si può chiamare. Sembrava che l'ovale del suo viso si fosse staccato dal resto del cranio e che qualcuno in fretta e furia avesse cercato di ricucire i pezzi insieme. Il suo volto risultava così incorniciato da una lunga cicatrice purolenta di colore bluastro che ne delimitava il perimetro. Più che una ragazza, sembrava un mostro da baraccone, una specie di versione femminile di Elephant Man, se ricordate quel film.

Impacciata e impaurita iniziai a spogliarla. Ero terrorizzata dalla paura di toglierle la camicetta. Temevo di poterle sfiorare le ferite della testa. Mi sembrava di avere tra le mani un corpicino di porcellana con le ossa di vetro. Pregavo incessantemente, sottovoce, nella speranza di trovare la calma per portare avanti il mio compito. In realtà ero agitatissima.

Fu allora che incrociai lo sguardo sereno della madre che era intenta a tenere a bada l'altro suo bambino. Mi lanciò un sorriso pieno di gratitudine e di incoraggiamento. Mi avvicinai a lei; desideravo dirle qualcosa di carino e affettuoso, ma non ebbi il tempo di aprire bocca che mi disse sottovoce, indicando il bambino: «Anche lui è malato, ha un tumore al cervello. Il Signore mi ha chiesto di amarli, anche se sono ridotti così».

I miei occhi ritornarono rapidamente prima alla ragazzina e poi al bambino in apparenza sano mentre una bufera di ghiaccio scoppiava dentro al mio petto. Sarei voluta fuggire via; tutto mi sembrava così assurdo. Per quale motivo una povera mamma doveva sopportare tanta sofferenza? È facile dire che la vita va vissuta intensamente fino alla fine perché è una bellissima avventura, quando si è sani. Ma quando ci sono delle prove tanto gravi?

Mi venne voglia di vomitare; dovevo uscire di lì al più presto. Chiesi alla caposala di sostituirmi un momento. Uscii e scoppiai in un pianto quasi isterico intercalato da singhiozzi di rabbia. Avrei voluto urlare il mio dolore, ma riuscii a trattenermi.

Al termine del servizio andai a scusarmi con la responsabile per aver abbandonato il lavoro. Lei mi abbracciò e mi disse di non preoccuparmi, poi, dandomi un colpetto sulla spalla, aggiunse: «Ringrazia Dio di aver mantenuto dei sentimenti così vivi dentro il cuore. In questo luogo il vero pericolo è l'abitudine al dolore e alla sofferenza».

Mi fermai per qualche minuto a riflettere su quello che mi era successo. E arrivai una volta ancora alla conclusione che Lourdes riesce, in maniera sbalorditiva, a smussare la sofferenza provocata da ogni tipo di male, sia fisico che morale. O, meglio, riesce a trasformare la maniera, la prospettiva da cui guardarla e viverla. Chi viene da Maria cerca aiuto e ripone in lei la speranza di potere andare avanti malgrado il dolore, la pena, la sconfitta. E percependo l'amore di Maria e, tramite lei, quello di Dio, capisce di potersi fidare, nonostante tutto, di lui. Per questo a Lourdes anche i guai peggiori vengono come attenuati e resi in qualche modo accettabili. Cosicché, non si viene in questo luogo per fuggire dalla realtà ma per imparare a capire che la si può leggere diversamente.

Non ho mai saputo il nome di quella madre e dei suoi figli martoriati dalla malattia, ma a distanza di anni ricordo come se fosse ora quel suo sorriso pieno d'amore.

Per tutto questo, la fine di un pellegrinaggio lascia sempre un po' di tristezza nel cuore. I giorni, anche se pochi, trascorsi in questo luogo straordinario ci permettono in un certo senso di trovarci come immersi in una forma di vita sociale molto vicina al Vangelo. Così, lasciare Lourdes diventa poi difficile. Nel santuario si perde la frenesia del tempo, mentre nulla sembra sfuggirci perché lì troviamo il Tutto.

Si torna a casa rafforzati e rinvigoriti, con tanti buoni propositi. Quanto poi duri realmente l'«effetto Lourdes» nella vita di tutti i giorni è difficile a dirsi. Certamente chi ha provato una conversione del cuore ed è stato toccato dal Mistero di Lourdes torna trasformato. Le difficoltà non mancheranno e non si alleggeriranno, sarà piuttosto il nostro modo di affrontarle a essere diverso.

Ecco perché continuerò a tornare a Lourdes fin quando potrò, e non sarò di certo sola.

Ho conosciuto delle vecchie signore che hanno servito per più di cinquant'anni i malati al santuario e che poi, non avendo più una forza fisica che consenta loro certi lavori pesanti, continuano a mettersi a disposizione dei pellegrini servendo con la recita del Rosario fuori dalle piscine.

E per nulla al mondo rinuncerebbero a questo loro umile servizio, così inutile secondo il «mondo» e tanto prezioso nella prospettiva di fede.

Anche i papi amano Lourdes

«Io sono l'Immacolata Concezione»

Oltre sei milioni di pellegrini all'anno raggiungono questo santuario da tutto il mondo. Tra loro, più di ottantamila sono malati. Ma Lourdes ha avuto l'onore di ricevere l'omaggio e qualche volta la visita anche degli stessi capi della Chiesa, i papi. Io personalmente ho avuto la gioia di seguire, come giornalista, la visita di Giovanni Paolo II, nel 2004.

Il legame tra Lourdes e il papato tuttavia è ancora più profondo. Prende le mosse dalle origini, fin da quella sedicesima Apparizione, avvenuta il 25 marzo 1858, in cui Maria, *Aquerò* («quella là» in dialetto di Lourdes), la Signora della Grotta, dietro ripetuta richiesta di Bernadette, finalmente le svelò il suo nome: «Qué soy era Immaculada Councepciou», Io sono l'Immacolata Concezione. Parole che nulla dicevano alla piccola, buona, ignorante veggente che aveva il cuore puro e aperto al soprannaturale ma che niente sapeva di teologia.

Parole che invece molto dissero all'abbé Peyramale e poi al vescovo di Tarbes e alla Chiesa intera appena vennero conosciute. Parole importantissime, perché confermavano nientemeno che un dogma – quello appunto dell'Immacolata Concezione – che Pio IX aveva proclamato solennemente appena quattro anni prima.

Visto ora, in lontananza, l'evento ci può apparire come un fatto importante ma normale. Invece non era così. Si era trattato da parte del papa di un vero gesto di coraggio che aveva messo fine a secoli di controversie su questo tema. Mentre, infatti, la devozione popolare aveva da sempre intuito che Maria, come Madre di Gesù, non poteva che essere Immacolata, cioè esente dal peccato originale, la teologia si era spesso schierata su fronti contrapposti che avevano generato nei seguaci delle rispettive fazioni confronti persino armati.

Poi, con il passare del tempo, le intuizioni dei devoti avevano trovato giustificazioni teologiche sempre più precise e sicure. Tanto che fu possibile al papa dichiarare solennemente che Maria, la Madre, era stata davvero esentata dal peccato delle origini, redenta ella pure dal Figlio, ma «in anticipo». Non mancarono neanche in quella occasione le voci di dissenso.

È facile, dunque, renderci conto di quanto questa sorta di sigillo del Cielo sull'operato del papa sia stato importante e confortante per Pio IX ma anche per l'intera Chiesa. Era, fra l'altro, la prima volta che una Apparizione mariana entrava direttamente in temi dogmatici. Anche se, sempre con riferimento alla Immacolata Concezione, già si erano avute delle avvisaglie favorevoli nelle Apparizioni a Catherine Labouré, avvenute nel 1830 in rue du Bac, a Parigi. Alla veggente, una novizia vincenziana, Maria aveva infatti dato istruzioni perché facesse riprodurre una medaglia che la rappresentasse mentre distribuiva fasci di luce sul mondo, schiacciando al contempo con il piede il serpente. Medaglia che recava tutta attorno la scritta: «O Maria concepita senza peccato pregate per noi che ricorriamo a voi».

Sappiamo bene che le Apparizioni mariane non sono dogma di fede e che, dunque, non siamo obbligati a credervi. Non può però sfuggire l'importanza di quanto avvenne a Lourdes anche da questo punto di vista. Perché a quella giovanissima veggente non venne solo affidato, come vedremo meglio in seguito, e come è avvenuto in molte altre Apparizioni, un messaggio che aiutasse la conversione di molti. Tramite Bernadette, il Cielo fece assai di più: confermò il ruolo della Chiesa stessa nel custodire e nell'interpretare la Verità affidatale da Gesù Cristo in persona e, a capo di essa, quello del papa, con il suo speciale carisma.

Non credo, dunque, debba stupire il particolare amore dei pontefici verso questo santuario.

Con Giovanni Paolo II

Questo amore verso Lourdes ho avuto il privilegio di verificarlo in occasione del viaggio al seguito di Giovanni Paolo II.

Si svolse il 14 e il 15 agosto 2004. Erano i giorni della festa della Assunzione di Maria, altro importantissimo dogma mariano proclamato da Pio XII nel 1950. Ma erano anche i centocinquant'anni dalla proclamazione del dogma dell'Immacolata Concezione. E il papa, già assai malato, era venuto per festeggiare quella ricorrenza. Ma anche – questa fu l'impressione di tutti – per vivere, lui malato tra i malati, il vero spirito di Lourdes. E per uscirne anch'egli confortato per quell'ultimo tratto di vita che si apprestava a percorrere.

Papa Wojtyła, grande devoto mariano, si era certamente affidato da sempre con abbandono filiale alla Madre del Cielo anche per le sue sofferenze fisiche, vivendo con pienezza sul piano personale la sua adesione al Mistero della Croce. Tuttavia, neanche per lui doveva essere sempre facile pensare alle responsabilità che aveva l'onere di sostenere e alle poche forze che gli rimanevano per il governo della Chiesa universale. Quindi anch'egli aveva certamente un grande desiderio di recarsi a Lourdes per attingervi consolazione e speranza.

Anche prima di questo evento era sempre esistito tuttavia un legame forte e vivo tra don Karol e Lourdes.

La prima volta che vi si era recato era stato nel lontano luglio del 1947, da giovane prete, dopo un anno di università a Roma. Nel 1981 era atteso da pontefice per presiedere il Congresso eucaristico, ma l'attentato del 13 maggio gli aveva fatto rinviare il viaggio. Vi tornò invece nel luglio del 1983 e trovò ad attenderlo il presidente socialista François Mitterrand, ufficialmente agnostico e anticlericale ma che – in vista della morte – si riaccostò alla fede e nel testamento scrisse che non c'erano ostacoli, per lui, a funerali religiosi. Come, difatti, avvenne.

Infine – altro segno del suo affetto per Lourdes – nel 1993 Giovanni Paolo II aveva deciso di istituire la Giornata mondiale del malato, fissandone la celebrazione proprio l'11 febbraio, data della prima Apparizione della Vergine Maria a Bernadette Soubirous.

Come ho detto, ebbi la gioia di partecipare al volo papale in qualità di giornalista al seguito. E proprio a questo fatto è legato un altro piccolo evento che alcuni dei miei lettori conosceranno già. Mi è impossibile però non rammentare anche in questa occasione qualcosa che ancora oggi è ben vivo e impresso nel mio cuore.

Sull'aereo che ci accompagnava nella città mariana avevo avuto una bella sorpresa: Joaquín Navarro-Valls, allora portavoce vaticano, mi aveva convocata per dirmi che, se volevo, potevo incontrare brevemente Sua Santità. Emozionata e felice, naturalmente accettai. Venni così condotta nella cabina anteriore dell'aereo, dove il papa era seduto da solo in prima fila. Appena lo vidi, mi inginocchiai per baciargli l'anello. Egli, però, mi fece subito rialzare e sedere nel sedile accanto al suo. Navarro-Valls rimase in piedi e mi chiese di spiegare brevemente al Santo Padre chi fossi: una giornalista, è vero. Ma anche discendente di Paolo V, papa della famiglia Borghese. Il pontefice sembrava assopito, pareva quasi non ascoltare; si intuiva che era stanco e che la malattia gli provocava molta sofferenza.

In cuor mio avrei voluto andare via subito per non affaticarlo ulteriormente. Ma Navarro-Valls mi trattenne. Voleva aggiungere altro e, in particolare, farmi raccontare al Santo Padre del mio cambiamento di vita, di quella conversione che mi aveva fatto ritrovare la fede e del mio libro *Con occhi nuovi* in cui ne parlavo e che all'epoca stava per uscire.

Fu come se quelle parole avessero prodotto una sferzata di energia perché, all'improvviso, il papa sembrò ridestarsi, aprì gli occhi, mi guardò con il suo sguardo paterno e penetrante, mentre la sua mano tremante si avvicinava con fatica, ma insieme con decisione, verso il mio viso per deporvi una carezza.

Non dimenticherò mai quel tocco lieve e caldo che mi sorprese, quel segno di paterna comprensione che mi raggiungeva ricolmandomi di vera gioia.

Ma non potrò mai scordare neanche il Santo Padre nella Grotta: la testa tra le mani, curvo su se stesso, stanco e sofferente. Malato tra i malati, pellegrino tra i pellegrini.

Un viaggio pieno di significato: il papa malato, oltre a portare la sua infermità, sembrava avesse caricato sulle spalle quelle del mondo intero. Al suo passaggio nel santuario nessuno applaudì, tutti erano raccolti in preghiera in un clima intimo e familiare.

Ugualmente tutti si commossero, la sera, durante la processione notturna *aux flambeaux*, con le fiaccole. Quando, come si usa fare all'intonazione dell'*Ave Maria*, i pellegrini giunti da ogni dove sollevarono tutti insieme le loro candele accese verso il cielo, anche Giovanni Paolo II fece quel gesto, ma dalla terrazza dell'Accueil Notre-Dame. Quella terrazza che ha un'ottima vista su tutto il santuario, che viene spesso usata dagli hospitalières per far prendere un po' d'aria ai malati più gravi e che è anche il nascondiglio preferito per chi ha l'abitudine del fumo. Un posto che anch'io conoscevo molto bene.

Ebbene, vedere papa Wojtyła alzare a stento il braccio sistemato lassù, su quel suo piccolo trono, mi fece molta impressione e mi commosse fino alle lacrime. C'era tutta l'umiltà e la tenerezza del devoto in quel gesto semplice ma per lui ormai faticoso e difficile.

E poi, fu straordinario il duro programma che cercò in tutti i modi di rispettare in quei due giorni davvero pesanti, se si considera anche il caldo di agosto. La cosa che mi colpì di più fu la passeggiata in lungo e in largo per il santuario durante la recita del Rosario. Dalla Grotta, alle piscine, alla tenda dell'Adorazione Eucaristica, all'Accueil Notre-Dame quindi alla statua del curato D'Ars (l'edificio delle confessioni) e, infine, sull'Esplanade della basilica del Rosario. Sembrava volesse rivedere tutto, quasi a imprimerselo bene nella mente, conscio che forse sarebbe stata l'ultima volta. Quello a Lourdes fu infatti il suo ultimo viaggio fuori dai confini italiani.

Ma indimenticabile fu anche la grande Messa celebrata dall'altare del Podium della Prairie, davanti a migliaia di pellegrini che si riversarono dentro le cancellate del santuario.

Certamente Lourdes, emblema della sofferenza e della speranza, fu anche per il papa malato una tappa con un alto valore emotivo e simbolico.

Per Benedetto XVI un piccolo dono in più

Anche il successore di Giovanni Paolo II, papa Ratzinger, ha con Lourdes un legame particolare. Non solo, infatti, è ben nota la sua devozione mariana, ma la Provvidenza sembra avergli voluto concedere un piccolo dono in più. Quello di essere nato un 16 di aprile, giorno della dipartita terrena di Bernadette Soubirous. E, come è noto, per i santi – e tale è la veggente di Lourdes – è il giorno della morte, cioè dell'ingresso in Cielo (*dies natalis*), che viene ricordato e festeggiato.

E le coincidenze non si fermano qui. Perché se il 16 di aprile è il compleanno del papa e insieme il giorno della nascita al Cielo di Bernadette, il 19, sempre di aprile, è il giorno in cui Benedetto XVI è stato eletto papa nel 2005, e, al contempo, la data dei funerali della santa dei Pirenei.

Così, la piccola veggente, che a stento aveva imparato a leggere e a scrivere, si trova ora appaiata non solo a un grande papa ma anche a un grande studioso, a uno dei teologi più importanti della nostra epoca.

Ma forse è giusto così. Anche questo risponde al paradosso evangelico. La sapienza dei semplici, come è stata appunto Bernadette, di coloro cioè che raggiungono Dio con il cuore, che si sposa alla sapienza dei veri sapienti come Ratzinger. Di coloro, cioè, che cercano di entrare con intelligenza penetrante, ma umile, nel Mistero di Dio per investigarlo e per offrire ai fratelli il frutto di questa loro appassionata ricerca.

In realtà, credo proprio che papa Ratzinger e Bernadette

alla fine si assomiglino molto. Entrambi modesti e umili, desiderosi, se avessero potuto, di vivere nell'ombra. Entrambi, proprio per questo, «esaltati», come ci insegna il *Magnificat*. Entrambi miti e disponibili.

Anche Benedetto XVI, considerato da cardinale un duro un po' intransigente, è, invece, un uomo che, chiamato alle altezze del soglio pontificio, in una posizione e in un momento assai difficili per la Chiesa e per il mondo, sta mostrando di saper svolgere il suo ruolo con un tratto forte ma dolce, quello dei miti appunto, e con un grande amore verso tutti. Come io stessa posso testimoniare da un incontro recente che mi ha molto colpita. Mi trovavo all'udienza generale nell'Aula Paolo VI con i miei piccoli nipoti Alessandro e Sofia, rispettivamente di dieci e otto anni. Volevo che incontrassero un po' più da vicino il papa, perché potessero poi vivere questa emozione più a lungo. Un papa che io ho avuto occasione di conoscere bene, seguendone le tracce fin nella sua terra per il volume che ho dedicato alla sua vita.

Fu possibile, brevemente, alla fine dell'udienza. Io, emozionata, iniziai a presentare al pontefice i bambini spiegando che erano, un po' come lui, dei piccoli musicisti, Alessandro violinista e Sofia violoncellista. Papa Benedetto ascoltò incuriosito, con molta attenzione, poi, con uno slancio affettuoso li accarezzò entrambi dolcemente e, del tutto inaspettatamente, prolungò la sua carezza fino a sfiorare anche il mio viso. Rimasi colpita da tanta dolcezza, da uno slancio così semplice e spontaneo, da un'altra carezza, la seconda da parte di un papa, che mi raggiungeva confermandomi non solo il suo animo nobile e gentile ma anche una dolcezza ancor più profonda da quando l'incarico al quale era stato eletto lo chiamava a una paternità universale.

Ma, oltre alle coincidenze-somiglianze con Bernadette che abbiamo rilevato, nel caso di papa Benedetto XVI vi è un altro particolare di rilievo perché quel 16 di aprile in cui egli ha visto la luce era anche un sabato santo. Un giorno, come è ben noto, importantissimo, che si colloca appena prima di quella Risurrezione su cui poggia tutta la nostra fede. Quella

Risurrezione che è la principale festa dell'anno liturgico e i cui festeggiamenti iniziano proprio la sera della vigilia.

Un giorno speciale dunque – questo sabato santo – da sempre considerato come un segno premonitore di un grande destino sul piano spirituale per chi vi nasca o vi muoia.

Maria, la Madre sempre disponibile

Lei ci porta a Gesù

Dall'esperienza di Lourdes è nata e si è approfondita anche la mia devozione mariana. Seguire Cristo sembra talvolta difficile, abbandonarsi con fiducia alla Madonna appare più dolce. Stare con lei ai piedi della croce rende, almeno per me, meno sconvolgente quel Mistero di morte così atroce. Cristo è il Salvatore, ma Maria rappresenta la possibilità privilegiata di entrare in contatto con lui.

Nell'enciclica *Deus Caritas Est*, Benedetto XVI mi ha fatto capire e amare ancora di più la Madonna.

> Tra i santi eccelle Maria, Madre del Signore e specchio di ogni santità. Nel Vangelo di Luca la troviamo impegnata in un servizio di carità alla cugina Elisabetta presso la quale resta circa tre mesi, per assisterla nella fase terminale della gravidanza. «Magnificat anima mea Dominum» dice in occasione di questa visita ed esprime con ciò tutto il programma della sua vita: non mettere se stessa al centro, ma fare spazio a Dio incontrato sia nella preghiera che nel servizio al prossimo – solo allora il mondo diventa buono. Maria è grande proprio perché non vuole rendere grande se stessa, ma Dio. Ella è umile: non vuole essere nient'altro che l'ancella del Signore. Ella sa di contribuire alla salvezza del mondo non compiendo una sua opera, ma solo mettendosi a piena disposizione delle iniziative di Dio.

Mi ritrovo spesso a pensare con ammirazione e amore a questa donna. Era poco più di una bambina quando ricevette dall'arcangelo Gabriele la notizia sconvolgente che sarebbe diventata, se lo avesse voluto, la Madre del Messia. Sento un'infinita tenerezza per lei, per quella sua umiltà, per quella sua fede che le fecero dire di sì e che permisero un radicale cambiamento nell'umano destino.

E poi, via via, cerco di immaginarmi che cosa deve essere stata la sua vita accanto a Gesù. Non del tutto facile, credo. Il Mistero ogni tanto vi irrompeva e non era semplice decifrarlo. Ma lei conosceva bene come affrontarlo, sempre con la stessa fede e la stessa umiltà con cui aveva affrontato l'Annunciazione.

È forse per questo che la gente sofferente e impaurita di oggi riempie i santuari e spesso diserta, purtroppo, le parrocchie? Perché trova presso di lei una guida amorosa e una Madre sempre disposta a intercedere per chi è nel bisogno?

È interessante notare come, di volta in volta, nelle sue Apparizioni, la Madonna assuma sembianze e anche nomi diversi, basti pensare, per esempio, anche solo a Fatima e Guadalupe. Eppure, credo che sia il Mistero di «Madre» che la gente porta soprattutto nel cuore. Ecco perché i santuari sono sempre più frequentati: lì è più facile pregare e sentirsi parte di una grande famiglia.

La Madre, le madri

Mentre, anche per merito di Lourdes, mi avvicinavo sempre più alla Madonna e mi sentivo ogni giorno di più sua «figlia», ho progressivamente capito che questo stava comportando un altro cambiamento nella mia vita. Iniziavo a guardare con occhi diversi e, dunque, a riscoprire altre maternità che mi hanno accompagnato nel corso degli anni.

Meditando su questo aspetto della mia esistenza, sollecitata dalla scoperta del legame profondo con Maria, mi sono infatti accorta che se la maternità biologica, con tutto quello che di affettivo e non solo comporta, è fondamentale, possono però esistere – e per me almeno è andata così – anche altre persone che lungo il corso degli anni si fanno carico di noi e ci donano un amore non meno materno. Un amore che, a suo modo, ci dà ugualmente la vita perché ci aiuta a «nascere», seppure in forme diverse.

Nel mio caso penso naturalmente e in primo luogo all'amore di mia madre; ma anche a quello della mia cara tata Stella e, infine, a quell'amore che mi ha aiutato a «rinascere dall'alto» di madre Maria Stefania, abbadessa del Monastero benedettino di Rosano. Ed è proprio per rendere omaggio alla maternità di Maria, Madre delle madri, che vorrei cercare di condividere questa mia multiforme esperienza di figlia.

Oltre alla maternità biologica, che rimane certo la più visibile espressione del mistero della vita, e che forse io non sperimenterò mai in prima persona, c'è spazio e dignità anche per una maternità affettiva, culturale e spirituale.

Sicuramente fare un figlio, carne della propria carne, deve essere una sensazione incredibile, la più completa e bella per una donna. Spesso cerco di immaginare cosa si debba provare, soprattutto quando vedo le mie sorelle e le mie amiche così protese a cercare il bene dei loro figli, così desiderose di renderli felici. Credo che, molto probabilmente, farei la stessa cosa, sarei una mamma protettiva, anche troppo, forse.

Fare un figlio non è difficile, nel senso che le donne sanno per istinto come realizzare il progetto. Certamente più impegnativo è crescerlo. Ho sempre visto l'arrivo di un bambino come il frutto dell'amore tra un uomo e una donna, un dono gratuito del Cielo e non un diritto per avere uno status sociale. Così, fatico a capire quelle donne che vogliono la maternità a tutti i costi; che sono disposte ad affrontare delle inseminazioni artificiali senza conoscere da vicino il padre del loro futuro figlio. Credo che cerchino a modo loro di dare un senso più pieno alla propria vita.

Detto questo, penso che si possa essere madri in molte altre maniere. Si possono, per esempio, avere tanti figli spirituali. L'importante, questo sì, è nutrire nel proprio cuore il desiderio di amare davvero gli altri in maniera sana e costruttiva e allora le occasioni di incontri che generano vita certamente non mancheranno. Così, alla fin fine, ogni forma di maternità non potrà che puntare a creare vero amore, cioè un sentimento che pur forte e generoso, dovrà tuttavia essere capace, proprio come quello di Dio e di Maria verso di noi, di dare senza voler possedere, cioè di creare libertà.

Ovviamente, la madre naturale è e rimarrà sempre «la mamma» per ogni figlio. Quell'essere pronto ad amarci, pur magari non capendoci, anche nei momenti più bui e difficili della vita.

Mia madre, la mia «mamma», è sempre stata una donna molto ammirata e corteggiata e con una vita assai impegnativa anche dal punto di vista sociale. Tuttora è piena di amici che la chiamano e la invitano in continuazione. Però la sua vera vocazione di donna si è espressa, credo, proprio con i suoi quattro figli: io, mio fratello e le mie due sorelle. Anche oggi il suo vero divertimento è quello di fare la nonna, avendo ben sette nipoti.

Gli anni del suo matrimonio, prima della prematura morte di papà, sono stati felici. Da lei e da nostro padre noi figli abbiamo certamente ricevuto una testimonianza di amore reciproco che ci ha molto insegnato. Penso tuttavia che pure lei, come donna e come madre, abbia dovuto affrontare e superare le sue difficoltà. Non credo che abbia avuto un rapporto facile con sua madre, mia nonna Neera, di cui io ero la nipote adorata ma che deve essere stata una mamma esigente.

Forse anche per questa sua sofferenza da bambina, il mio rapporto con lei non è sempre stato facilissimo. Certamente in passato ha sofferto molto per il mio carattere forte e indipendente, per qualche mia scelta che le era dispiaciuta. I suoi progetti e piani nei miei confronti non si sono affatto avverati. In fondo, il suo sogno su di me era simile a quello che ogni altra madre ha per una figlia: spera di vederla presto «sistemata», o meglio, sposata con tanti bambini.

Dopo l'insuccesso del mio matrimonio, sicuramente sperava in un mio successivo incontro più fortunato. Non si capacitava di vedermi così combattiva, così impegnata nel lavoro, così passionale in ogni missione che la vita mi presentava. Credo che abbia spesso pensato che stessi sprecando il mio tempo, la mia giovinezza, le mie opportunità. Anche la mia conversione penso l'abbia stupita e resa perplessa per i cambiamenti nella mia esistenza che ne erano derivati. Chissà, forse temeva un ennesimo colpo di testa oppure un fuoco di paglia.

Tutto ciò ha provocato spesso attriti e incomprensioni tra noi. Il nostro è stato per anni un amore complicato e insoddisfatto, credo, da ambo le parti. Io volevo essere capita e amata per quello che ero; lei non poteva accettare la mia testardaggine e una scelta di vita solitaria e diversa. Penso che fosse attratta dalla mia personalità ma che non riuscisse a capirla fino in fondo. Penso che entrambe abbiamo sofferto.

Ma Lourdes, e la scoperta della materna bontà di Maria, mi hanno aiutato molto anche sotto questo aspetto, ammorbidendo il mio cuore e facendomi capire che l'unico amore perfetto è quello che viene dall'alto. Per tutti gli altri, occorre saper convivere con le differenze dei caratteri, con i limiti di ciascuno, con la propria e altrui dose di peccato e di imperfezione. Così, ora, in un momento di bilanci, posso dire di non avere chiesto invano a Maria, tante volte, di mostrarmi la via giusta da percorrere in questo rapporto affinché potesse divenire un amore completo.

A distanza di anni, infatti, posso dire che il rapporto tra mia madre e me è migliorato. Oggi molte incomprensioni sono finite. Entrambe abbiamo imparato a rispettarci, a non avere reciproci giudizi troppo duri e a lasciar correre molte cose. In fondo la mamma ha imparato ad amarmi, a sopportare il mio carattere autoritario e determinato. Per questo posso affermare di sentirmi pienamente sua figlia e di essere molto felice di questo. E davvero riconoscente per la vita che mi ha donato.

Diversa, ma complementare e quasi parallela, la mia storia con Stella, giunta nella nostra casa appena due ore dopo la mia nascita.

Era ed è rimasta per tutta la sua vita una donna solare e forte di costituzione. Venne da noi per accudire i bambini e non si mosse più fino a tarda età. La nascita delle mie sorelle più piccole, Benedetta e Francesca, la trattenne ancora anche quando mio fratello Fabio e io eravamo cresciuti. Per noi, per me in particolare, fu e resta sempre la «tata». Gli ultimi anni della sua vita li ha passati in Sicilia presso suo nipote Guido e la moglie Margherita che l'ha accudita e curata con tanto affetto.

Nelle famiglie come la mia, in cui i genitori non si potevano occupare a tempo pieno dei figli, le «tate» hanno sempre rivestito un ruolo importantissimo. Oggi non è più così, in parte perché non ci sono più donne disponibili a dare la propria vita per crescere con amore figli altrui, come se fossero loro. Ma anche perché il rapporto tra genitori e figli è cambiato moltissimo. Si passa molto più tempo insieme, si parla di tutto apertamente cercando di instaurare un rapporto alla pari che non sempre, però, porta solo benefici.

La mia tata è stata una donna essenziale nella mia vita: mi ha sgridato quando era necessario, cercando di disciplinare un po' il mio carattere forte e scontroso; mi ha sempre protetto, come ha potuto, fin quando non sono uscita di casa. E, a differenza di mia madre, non mi ha mai giudicato. D'altro canto, per lei era certo più facile amarmi senza giudicarmi.

Ora se ne è andata. Però, prima di chiudere gli occhi, ha voluto farmi un ultimo regalo. Ero andata a salutarla per qualche giorno, come era mio solito fare da quando si era trasferita a Pachino, nella punta estrema della Sicilia orientale. Sapevo che le rimanevano pochi mesi di vita perché, dopo alcuni ricoveri d'urgenza in ospedale, il suo cuore stava a poco a poco cedendo sotto il peso degli anni. Non immaginavo però che mi sarei trovata al suo fianco e avrei potuto stringerle la mano proprio durante il suo ultimo e più importante viaggio.

Avevamo passato una serata felice, colma di ricordi simpatici e di vecchie storielle che conoscevamo ormai a memoria ma che rievocavamo sempre con gioia, poi ci eravamo coricate. Poco prima dell'alba, circa alle quattro, sento bussare forte alla mia camera da letto. È il nipote della tata, Guido, il quale mi dice che Stella sta male. Giusto il tempo di mettermi un golf sopra la camicia da notte e precipitarmi al suo capezzale.

La tata era già entrata in agonia, respirava con fatica ma senza affanno. Mi accostai al suo letto e cercai di pregare a voce alta la Madonna. Avevo paura di guardare la mia amata tata negli occhi, temevo di poter crollare davanti all'arrivo della morte. Mi rendevo conto, però, che in quel modo non riuscivo a trasmetterle tutto l'amore e la riconoscenza che provavo nel cuore.

A un tratto mi successe una cosa strana: sentii crescermi dentro una forza che mi tolse ogni paura. Così la abbracciai e le strinsi forte la mano. Poi, per farmi coraggio, iniziai a recitare una serie infinita di *Ave Maria* a voce alta. Ogni tanto aggiungevo un: «Vedrai, andrà tutto bene, presto incontrerai la Madonna; se puoi, salutamela con tanto affetto». A un certo punto il suo volto si illuminò fino a sembrare dorato. Poi di colpo si spense e il suo cuore smise di battere.

Provai sulla mia pelle la netta sensazione del suo passaggio da questa vita all'altra vita. Fu un distacco dolce e naturale. La tata, prima di andarsene, mi aveva insegnato ancora qualcosa: dovevo imparare ad amare di più, con più scioltezza, senza paure. Dovevo fare dell'amore l'atteggiamento abituale della mia vita.

Il giorno dopo sistemai nella sua bara due immaginette che sapevo esserle care: quella della Beata Maria Taigi, cui era molta devota, e quella della Madonna di Lourdes.

C'è un'altra persona al cui senso materno devo molto. È madre Maria Stefania, abbadessa del Monastero benedettino di Santa Maria di Rosano. Ogni volta che vado a salutarla guardo il suo essere donna con ammirazione e ringrazio il Signore per avermela fatta incontrare.

Prima di conoscere Rosano, la scelta della vita di clausura mi sembrava estrema e fuori dal mondo. Quelle suore ai miei occhi non sembravano donne ma piuttosto una sorta di extraterrestri. Frequentando la madre abbadessa, parlando con lei, mi sono invece resa conto che spesso, nelle circostanze più diverse, lei conosceva i meandri dell'animo umano molto meglio di me che vivevo nel mondo. A poco a poco ho capito che la sua vicinanza al Signore le aveva procurato il dono della sapienza.

Così, sono rimasta sempre favorevolmente sorpresa dal vederla vivere pienamente la propria femminilità attraverso una vita che ruota tutta intorno alla preghiera e alla ricerca di perfezione, un'esistenza che ha come scopo principale quello di piacere a Dio. Ugualmente mi ha sempre colpito l'amore con cui questa monaca segue le sorelle di cui è responsabile. Attenta e disponibile per chi, dentro e fuori il monastero, ha bisogno di sostegno e aiuto. Una donna, inoltre, profondamente libera, dotata di un forte senso della disciplina ma anche di un simpatico senso dell'umorismo.

Sento madre Maria Stefania molto importante e vicina, dicevo. Si tratta più che altro di una vicinanza spirituale fatta di pochi incontri ma anche di lunghissime telefonate serali. Malgrado la differenza di stili di vita, mi sento in sintonia quasi su tutto perché quello che più ci lega è l'amore per la Madonna e suo figlio Gesù Cristo.

Per me non è soltanto l'amica da chiamare per parlare di cose religiose. È molto di più. Provo per lei un grande rispetto. Mi piace confrontarmi con lei sulle tematiche contemporanee che incombono spesso come spettri sulla nostra Chiesa. I suoi punti di vista sono moderati e trovano, sempre e comunque anche nei casi più disperati, una via d'uscita basata sulla speranza che ci dà la nostra fede. La redenzione operata da Gesù Cristo è in atto anche se qualche volta può apparire il contrario. Cosicché, quella che viviamo è già una «storia di salvezza». Per questo ogni evento umano deve sempre essere riportato alla sua giusta proporzione.

I suoi consigli mi sono preziosi perché hanno un punto di osservazione privilegiato e sopra le parti, quello della fede in Gesù Cristo. È sempre disponibile ad ascoltare i miei timori e dubbi e mi ripete spesso che devo essere pronta a lavare i piedi al mio prossimo, ma poi, spiritosamente, aggiunge: «Non a diventare uno zerbino su cui pulirli».

Come una pellegrina fra i tanti

Il fascino della Grotta

Ho servito i malati per anni e spero di farlo ancora a lungo. Ma è anche bello, questa volta, essere solo una pellegrina tra i tanti. I miei amici sono ripartiti e ora io posso esserlo con più libertà.

Il santuario ha molte entrate, però quella da porta Saint-Joseph è la più affollata perché vicina agli alberghi. Passata la cancellata si scende lungo un viale che arriva davanti alla statua dell'Incoronata al centro dell'Esplanade. La statua della Madonna è circondata da una piccola ringhiera in ferro sempre colma di fiori lasciati dai fedeli. È il ritrovo dei pellegrini che restano per un giorno soltanto. Da qui si può partire in direzioni diverse.

È affascinante osservare questo popolo di Dio di cui anch'io faccio parte. Moltissimi reggono in mano una candela da portare alla Grotta; alcuni gruppi trasportano degli enormi ceri sulle spalle; altri spingono delle carrozzelle; altri ancora camminano con passo sostenuto per arrivare in tempo a una delle tante funzioni religiose.

Ma è nella Grotta che batte il cuore di Lourdes, è lì che la Madonna ha detto alla piccola Bernadette: «Voglio che si venga qui».

Ci sono tanti modi per avvicinarsi alla Grotta. Non esiste un itinerario prestabilito. A me piace attraversare il piccolo ponte sul fiume Gave che conduce anche verso l'Accueil Notre-Dame. Poi voltare a sinistra e sedermi su una delle panchine in ferro con la scritta «malades». Da lì si può vedere il fiume verde scuro che scorre veloce, costante, silenzioso. Con il sole sembra che l'acqua brilli, mentre quando il cielo è nuvoloso l'acqua assume una tonalità marrone. Il fondo del fiume è formato da sassi tondi colorati, i famosi *cailloux*, che hanno ispirato la fantasia dei pasticceri locali i quali, imitandoli, hanno realizzato i gustosi cioccolatini che i turisti portano a casa come souvenir.

La Grotta ancora oggi è come la vide Bernadette, nulla è stato modificato. È stato solo aggiunto un altare realizzato con la stessa roccia scura. Diverso, invece, lo spiazzo antistante.

In realtà, al tempo delle Apparizioni, davanti alla Grotta scorreva un canale che vi giungeva dopo aver servito i mulini e che, proprio nei pressi della Grotta, si univa al Gave. Tra i due esisteva una lingua di sabbia che, in seguito alla deviazione del canale e alla sistemazione del corso del fiume, è diventata l'attuale zona in cui sostano i pellegrini.

Sopra la Grotta e la statua della Bella Signora, si erge la basilica Superiore con il suo campanile che ogni ora batte le note della famosa *Ave Maria di Lourdes*. È la «cappella» richiesta dalla Madonna e fu inaugurata nel 1876.

L'atmosfera nella Grotta cambia secondo le ore. Di giorno è gremita di pellegrini in fila, cosicché, per quanto essi siano silenziosi, c'è sempre un mormorio di sottofondo. Nel silenzio della sera, quell'incavatura assume un sapore più intimo e misterioso, mentre passarvi la notte in preghiera è un'esperienza davvero straordinaria. L'atmosfera si fa rarefatta, il silenzio è assoluto, i pochi pellegrini pregano a lungo, spesso immobili per ore. La concentrazione è altissima e la fede diventa un fatto quasi palpabile. E quando ne esci, ti senti fresca e riposata come se, invece di vegliare e pregare, avessi dormito tutta la notte.

La Grotta è il punto di arrivo e di partenza del popolo di Maria. Chi arriva corre a salutare la «padrona di casa», chi parte non può lasciare il santuario senza aver detto almeno un frugale «arrivederci».

Tante volte mi è stato chiesto cosa ci sia di tanto speciale in questa scura insenatura. Per me, arrivare nella Grotta – e lo dico anche ora mentre, seduta nel mio posto preferito, la guardo per l'ennesima volta – giungere qui vuol dire arrivare a casa di Maria. E quando si arriva a casa della Mamma, ci si sente innanzitutto figli, ognuno con le proprie incertezze, preoccupazioni, paure, speranze, gioie e dolori. La presenza della Madre diventa un balsamo che sbroglia molti nodi e tutto sembra sciogliersi naturalmente. Quando mi inginocchio ai piedi di Maria e vedo tanti altri fare la stessa cosa, mi rendo conto di quanto grande e infinito sia il suo amore. Così immenso da far sentire amati e desiderati tutti coloro che accorrono a lei.

Maria nella Grotta è immobile mentre tutto le si muove intorno.

Vicino a me ci sono i fratelli più diversi. Un uomo vestito in pelle con tatuaggi su tutto il corpo. Sulle strade del mondo apparirebbe come un duro, qui sembra una pecora mansueta. Alcuni giovani militari in uniforme, in piedi, immobili e rigidi, sembra quasi che non respirino. Una giovane donna incinta ha un altro bimbo in braccio che dorme abbandonato sul suo petto di mamma. Una vecchia coppia avanza lentamente, lei aiuta il marito piegato dagli anni che non riesce a camminare. Un barelliere spinge una carrozzella con sopra un uomo spastico che muove in continuazione il busto avanti e indietro. Alcuni giovani preti hanno il rosario in mano, delle suore si tengono per mano mentre recitano la *Salve Regina*.

Tutti diversi tra noi, quello che ci unisce è la fede e l'amore nei confronti di Maria.

Quando alzo gli occhi verso la statua dell'Immacolata mi sembra di capire il grande mistero della vita e della morte, il perché di questo nostro passaggio sulla terra.

La statua di Maria Immacolata fu commissionata al celebre artista dell'epoca Joseph Fabisch, di origine polacca, che decise di realizzarla sontuosamente in marmo di Carrara. Si fece spiegare a lungo dalla veggente come fosse la «Signora». Ma la sera della presentazione dell'opera lo sguardo di Bernadette sottolineò il suo disappunto, per poi dichiarare senza tanti peli sulla lingua: «Non è questa». Il soprannaturale, si sa, è intuibile ma non rappresentabile, sfugge alle nostre umane possibilità. Solo il simbolo riesce in qualche modo a darcene un'idea.

Ma anche questa statua, per quanto inadeguata, posizionata in una specie di ovale naturale della roccia, svolge bene il suo compito. Quando la fisso per lungo tempo è come se si formasse un invisibile filo che mi unisce e mi pone in diretto contatto con le cose del Cielo. Mi sembra quasi che non ci sia più una differenza tra noi quaggiù e quelli che ci hanno preceduto lassù.

Prima di giungere alla Grotta, subito dopo la grande basilica del Rosario, riconoscibile dalla sua caratteristica enorme corona dorata, ci sono le famose fontanelle. Molti pellegrini si fermano per bere, riempire le bottiglie e per lavarsi la faccia come fece all'epoca Bernadette. Non è che quest'acqua abbia composizioni chimiche particolari che la rendano miracolosa. Tuttavia è spesso uno strumento che il Cielo usa per donare guarigione, per esprimere concretamente ciò che, in realtà, è la fede a mettere in moto. Essa è sgorgata durante le Apparizioni per volontà stessa di Maria. Per questo viene trattata con grande rispetto come un dono, offerta ai pellegrini, usata per le piscine, da tutti portata nelle proprie case quale segno della protezione potente della Madre del Signore.

Quando arrivi alla Grotta venendo dall'Esplanade, ti accolgono quattro platani, in fila uno dietro l'altro, che ti introducono al sagrato dove è posizionato un enorme candelabro a sei ripiani sul quale bruciano incessantemente i ceri bianchi e celesti – i colori della Madonna – lasciati dai pellegrini. Sono fiammelle di luce rivolte verso il Cielo e colme di speranza.

Continuando la passeggiata, dopo la Grotta, c'è un piccolo viottolo di capanni in ferro costruiti per proteggere dei grandi ceri. Su ognuno di essi compare la scritta di una richiesta di Grazia, il nome di una persona ammalata, oppure un ex voto di ringraziamento.

Di notte questi grandi ceri, alcuni alti fino a due metri, sono impressionanti. Mi fanno pensare alle anime del Purgatorio che devono purificarsi prima di poter vedere Dio.

Subito dopo, a poche centinaia di metri, si sviluppa l'edificio basso e lungo delle piscine per gli uomini e per le donne nelle cui fredde acque si bagnano ogni anno quattrocentomila persone, sane e malate. Molti hanno la speranza di guarire da qualche infermità fisica, ma la maggior parte dei pellegrini ha il desiderio di crescere nella fede.

Da sotto la tettoia arrivano i canti alla Madonna intonati in tutte le lingue del mondo. La più bella litania che abbia mai ascoltato è stata in aramaico, la lingua del Cristo, ancora oggi parlata in alcune zone del Libano, dell'Iraq e della Siria.

Ma tutto tende alla Eucaristia

Continuo la mia passeggiata all'interno del Domaine. Oltre le piscine, attraverso un altro ponte che collega alla tenda dell'Adorazione Eucaristica posizionata sulla sinistra della Prairie, il grande prato del santuario, dove per le occasioni solenni si raduna la folla. È grande, bianca, accogliente e, anche se è piantata in mezzo a un prato, mi fa pensare a quel deserto che i nostri padri ebrei attraversarono con fatica e alla loro Arca dell'Alleanza.

L'Adorazione è un tempo di silenzio davanti all'Ostia consacrata, durante il quale i credenti adorano, sotto le speci del pane, la presenza reale di Gesù. Sotto la grande tenda, tenuta in piedi da un unico pilastro centrale, è esposto il Santissimo fino alle quattro del pomeriggio quando poi viene preso per dare inizio alla processione Eucaristica che attraversa parte del santuario e termina con la benedizione particolare agli ammalati nella gigantesca basilica di San Pio X.

Questa basilica sotterranea può contenere venticinquemila persone, come piazza San Pietro a Roma. Fu inaugurata nel 1958 per il centenario delle Apparizioni ed è qui che ogni domenica e mercoledì, alle nove del mattino, viene celebrata la Santa Messa internazionale, culmine di ogni pellegrinaggio.

È molto bella e giusta l'attenzione prestata a Lourdes alla Eucaristia sia nella forma delle tante Messe che vengono celebrate in continuazione, sia nella forma dell'Adorazione. Perché se è Maria che attira qui tanta gente, in realtà lei è solo il tramite per giungere a Gesù.

Maria nulla sarebbe senza il Figlio. La sua grandezza e anche il suo potere di aiutarci le vengono proprio dall'aver aderito con pienezza al piano di Dio. Ella non è una sorta di dea con forza autonoma. È una creatura che ha saputo accettare l'Amore e che ora ci aiuta perché anche noi sappiamo fare altrettanto accogliendo nel nostro cuore e nella nostra vita il Figlio e con lui la Trinità.

Le sue Apparizioni, a Lourdes come altrove, hanno tutte questo scopo: seguire la storia degli uomini, di tutti e di ciascuno, e aiutarli a capire. A capire che la vita senza Dio è anche senza senso; che noi, seppure non lo avvertiamo, siamo immersi nell'amore di un Padre che ci ha creati, di un Figlio che ci ha liberati, di uno Spirito che vuole trasformarci. E a farci intuire il valore della preghiera e persino quello della sofferenza. Maria, dunque, qui come altrove, è il faro che attira. Ma è Gesù la luce che lo alimenta. È quel Gesù che è risorto e che ora possiamo trovare vivo e glorioso proprio nella Eucaristia.

A Lourdes, oltre a pregare nella Grotta, sento sempre il bisogno di confessarmi. Fuori dalla Cappella della Riconciliazione c'è una statua del curato d'Ars che consacrò tutta la sua vita alla confessione dei penitenti. Anche questa cappella risponde al messaggio della Madonna che ripeterà, dopo Lourdes, anche a Fatima: «Penitenza, penitenza, penitenza».

Fuori dai confessionali sono disposti dei piccoli fogli esplicativi, con traduzioni in diverse lingue, che spiegano come prepararsi a questo importante sacramento. A Lourdes la confessione può essere un passo decisivo di riavvicinamento a Dio. Spesso ci confessiamo ripetendo le stesse frasi, i peccati di sempre, in maniera superficiale e distratta, presi dalla fretta di voler correre via dalle cose serie e cruciali. So bene quanto sia difficile aprirsi e, a volte, doversi umiliare davanti a un sacerdote. Ma è importante capire che quell'incontro personale serve per comprendere l'amore di Dio nei nostri confronti perché ciascuno di noi è unico ai suoi occhi.

Prima della conversione non capivo tutto questo insistere cattolico sui peccati. Mi sembrava eccessivo, esagerato, castrante, destinato a provocare complessi e sensi di colpa inutili. È l'accusa che molti rivolgono alla Chiesa. Invece ora vedo le cose diversamente. Certo, esistono anche i peccati singoli. Ma il vero peccato, quello più importante, è di non voler vedere che siamo creature, messe al mondo per amore, da sempre pensate e seguite con tenerezza, fatte per un destino di eternità. Tutto il resto è soltanto una conseguenza. Peccare significa dunque, per prima cosa, allontanarci in un modo o nell'altro da questa via tracciata da Dio, andargli contro, credendo di trovare più gioia e in cambio trovare invece, molto spesso, angoscia, infelicità, sofferenza.

La Via Crucis e il «Flambeau»

Un'altra tappa importante nell'itinerario classico del pellegrino che visita Lourdes è la grande Via Crucis con le sue quindici stazioni monumentali, una vera e propria scalata sulla collina che sovrasta il santuario. Il viottolo che vi si inerpica lo si raggiunge a piedi, percorrendo la strada principale sulla destra uscendo da porta Saint-Joseph. Dopo le prime, ripide curve si intravedono alcune cime dei Pirenei innevate, mentre gli scoiattoli saltellano da un albero all'altro. A mano a mano che si sale ci si immerge sempre più nella natura.

Questa volta, dietro di me c'è un papà che si è caricato il figlioletto malato sulle spalle. Il ciuccio che gli penzola dal collo sembra la croce di chiusura dei grani di un rosario. Ancora una volta mi chiedo perché un bambino debba soffrire. Come accettare una tale ingiustizia? Certi misteri resteranno tali e soltanto con gli occhi della fede possono divenire accettabili, perché la mia ragione da sola non riesce a trovare spiegazioni.

Finalmente verso l'ultima stazione inizia una lieve discesa

che costeggia un campo con dei cavalli al pascolo e il bellissimo parco recintato della casa del vescovo. Questa salita al monte, questa Via Crucis, è un itinerario indispensabile per cogliere il vero senso del messaggio di Lourdes, un invito alla conversione che arriva dritto al cuore, ripercorrendo la passione di Gesù Cristo.

Ogni sera, come è ormai noto anche ai non frequentatori di Lourdes, si svolge la famosissima fiaccolata che invade di luce il santuario. È un ritrovarsi come fratelli tutti insieme con una candela in mano in processione dietro a Maria. Si recita il Rosario con le meditazioni sui Misteri pronunciate nelle diverse lingue, intercalate dalla popolare canzone dell'*Ave Maria*. Dopo il *Flambeau* si torna a casa sereni e appagati, qualcosa in noi è cambiato. Ci siamo accorti di non essere soli, anzi di essere in tanti ad avere fiducia nella misericordia divina. Sarà anche grazie a una forma di pietà mariana così colorata che riesce a esprimere le varie sfumature dell'animo umano, fatto sta che a Lourdes in particolare, il senso di appartenenza alla famiglia celeste è fortemente sentito. Qui è forse più facile rafforzare il proprio Credo perché la fede è resa palpabile e visibile dalla moltitudine di persone che si ritrovano unite.

Vorrei però sottolineare come queste dimostrazioni di fede popolare non siano affatto atteggiamenti di un vano e superficiale sentimentalismo collettivo. Le persone che si mettono in cammino verso certi luoghi santi sanno esattamente dove sono e quello che stanno facendo.

Tutto cominciò in una grotta

Furono diciotto Apparizioni

Tutto cominciò, dunque, in quella Grotta, in dialetto soprannominata la *tute aux cochons*, il riparo dei maiali.

Era l'11 febbraio 1858, un giovedì invernale, con un tempo gelido e piovigginoso. Un giorno come gli altri in cui nulla faceva presagire un evento straordinario. Ma il Signore che è nei Cieli ha un modo tutto suo di fare succedere le cose.

Vorrei che fosse Bernadette stessa a raccontarci come tutto iniziò.

Ero andata sulla sponda del Gave assieme ad altre due ragazze per raccogliere della legna. Loro attraversarono l'acqua e si misero a piangere. Chiesi il perché e mi risposero che l'acqua era fredda. Le pregai di aiutarmi a gettare delle pietre nell'acqua per poter passare senza togliere le scarpe, ma mi dissero che dovevo fare come loro. Andai, allora, un po' oltre per vedere di poter passare senza togliere le scarpe. Non mi fu possibile. Ritornai quindi davanti alla grotta per togliere le scarpe. Avevo appena cominciato quando sentii un rumore.

Mi girai nella direzione del prato e vidi che gli alberi non si muovevano affatto. Continuai a togliere le scarpe e sentii lo stesso rumore. Alzai la testa guardando la Grotta. Vidi una Signora vestita di bianco: aveva un abito bianco e una fascia azzurra e una rosa gialla su ognuno dei piedi, dello stesso colore della corona del suo rosario. Dopo aver visto questo, mi stropicciai gli occhi; credevo a un abbaglio. Misi la mano in tasca e vi trovai il mio rosario. Volevo fare il segno della croce, ma non potei portare la mano alla fronte ché cadde. La visione fece il segno della croce. Allora con la mano tremante, tentai di nuovo e ci riuscii. Pregai con il rosario, mentre la visione faceva scorrere i grani del suo, senza muovere le labbra. Quando ebbi finito, la visione scomparve all'improvviso. Domandai alle altre se avessero visto qualcosa, ma mi risposero di no. Mi domandarono allora di che cosa si trattasse e di dirglielo. Risposi d'aver visto una Signora vestita di bianco, ma che non sapevo cos'era, e che non dovevano dirlo.

Naturalmente, il segreto in poche ore divenne «la notizia» e fece il giro della città. Bernadette Soubirous ebbe il privilegio speciale di incontrare la Vergine Maria per diciotto volte. Così, una semplice e povera pastorella di quattordici anni, fu trasformata dalla volontà di Dio nella veggente di Lourdes in una serie di Apparizioni comprese tra l'11 febbraio e il 16 luglio 1858, festa di Nostra Signora del Carmelo. Alcuni incontri furono silenziosi, altri no.

A distanza di centocinquant'anni dalle Apparizioni, Bernadette è acclamata da milioni di persone come la piccola grande santa dei Pirenei. Piccola non solo perché davvero bassa di statura – un metro e quarantadue centimetri misurava quel suo minuto corpo che oggi è conservato, intatto, in una teca nella cappella del convento di Nevers – ma perché semplice, pura, limpida senza pregiudizi e resistenze verso un disegno divino più grande di lei. E insieme grande santa perché forte nella sua mitezza, decisa nel difendere prima la verità delle Apparizioni con tenacia contro ogni ostacolo e poi, una volta fattasi suora, nel sopportare una vita in convento non facile e le numerose dolorose infermità che la portarono alla morte a soli trentacinque anni.

All'epoca delle Apparizioni, Lourdes aveva poco più di quattromila abitanti e il suo castello-fortezza ne segnava ancora l'antica storia.

Nel 778, Carlo Magno assediava la fortezza occupata dai saraceni. La leggenda racconta che un'aquila lasciò cadere una trota ai piedi di Mirat, il loro capo. Questi, però, la fece recapitare a Carlo Magno per fargli credere che il castello possedesse ancora abbastanza viveri per continuare a reggere l'assedio. Per mettere fine allo scontro, intervenne il vescovo di Le Puy-en-Velay che propose a Mirat di arrendersi alla Madonna, visto che non voleva farlo verso il re. Mirat accettò e chiese di ricevere il battesimo con il nome di Lorus. Anche

Bernadette Soubirous all'epoca delle Apparizioni della Madonna a Lourdes.
È stata la prima santa della storia a posare per un fotografo.

La Grotta delle Apparizioni così come la vide Bernadette.

L'ovile di Barthrès dove Bernadette pascolava le pecore.

Un interno del mulino di Boly dove Bernadette nacque il 7 gennaio 1844.
L'inginocchiatoio della casa delle Suore di Nevers a Lourdes dove era solita pregare e il suo rosario.

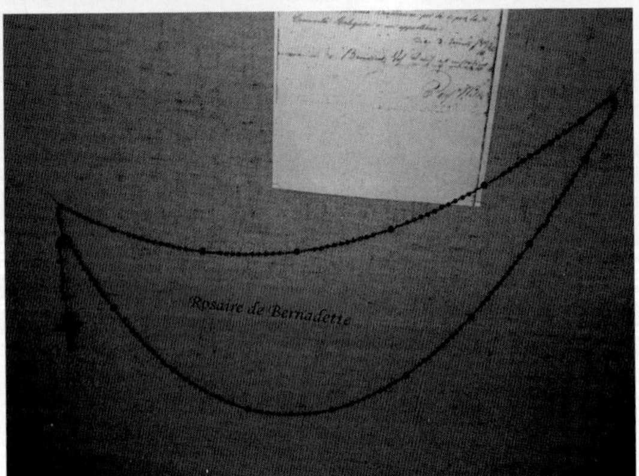

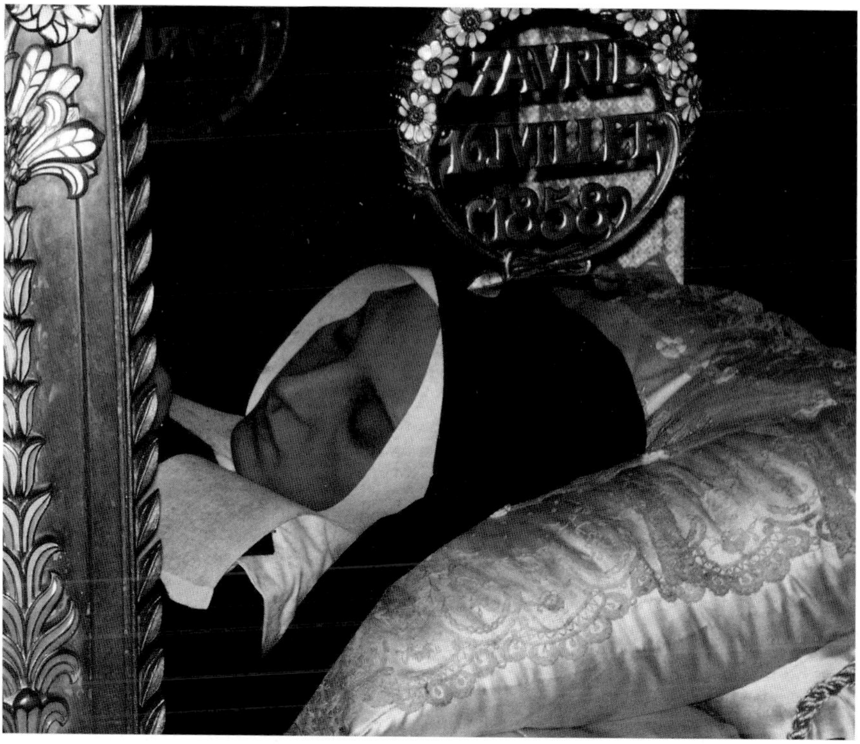

Il corpo di Bernadette si è conservato
inspiegabilmente intatto e riposa
nel convento di Saint-Gildard a Nevers.

La statua dell'abbè Peyramale a Lourdes.

Il padre cappuccino Giacomo Filon
e i numerosi ex voto sulla sua tomba.

La Grotta di Lourdes in un'immagine dei primi del Novecento. Moltissimi gli oggetti lasciati come ex voto per testimoniare la Grazia ricevuta.

La veneratissima statua di Maria nella Grotta di Lourdes.

L'Esplanade del santuario con la basilica del Rosario.

Il fiume Gave e uno scorcio della prima cappella del santuario costruita sulla roccia sopra la Grotta.

La statua dell'Incoronata nel santuario.
Alcuni ceri votivi lasciati dai pellegrini.
Le fontanelle dove riempire le bottigliette con l'acqua del santuario.
La guida rossa, riservata ai malati, che attraversa alcune vie della città.

Don Vittorio e don Gabriele pregano insieme davanti alla Grotta.
Claude, il proprietario del Cafè Sainte-Marie.
René, il portiere dell'Hotel Moderne.

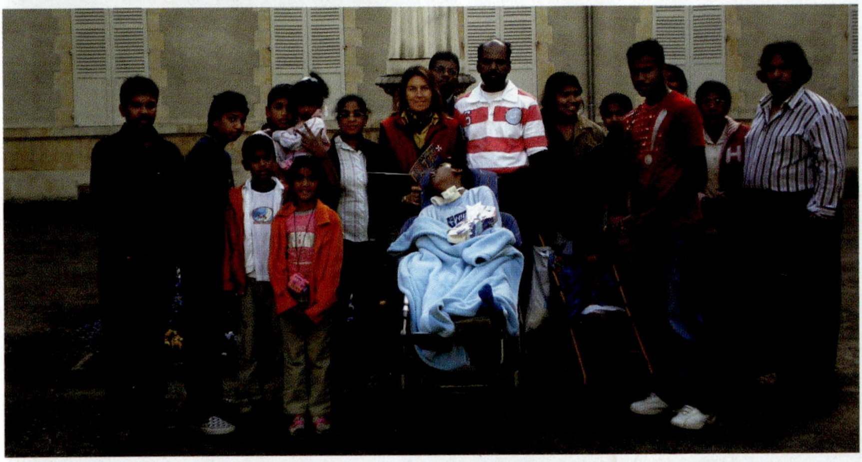

Una famiglia di pellegrini indiani ritratta nella corte del convento di Nevers.
L'Adorazione Eucaristica nella basilica di San Pio X.

La processione mariana del *Flambeau* che si ripete ogni sera all'interno del santuario.

Giovanni Paolo II nell'agosto del 2004 pellegrino nella Grotta.
(*Foto «Osservatore Romano»*)

In volo verso Lourdes
con il pontefice.

Benedetto XVI nella Grotta della Vergine, realizzata a imitazione di quella di Lourdes nei giardini vaticani. (*Foto «Osservatore Romano»*)

il castello, chiamato fino ad allora Mirabel, prese il suo stesso nome che passò, poi, anche alla città di «Lourdes». Per ricordare quei lontani eventi, ancora oggi lo stemma della città è un'aquila con un pesce nel becco.

Nel Medioevo la fortezza divenne invece residenza dei conti della Bigorre. Durante gli scontri tra cattolici e protestanti, Lourdes fu saccheggiata e messa a fuoco, e gli abitanti furono costretti a rifugiarsi nel loro castello. Tornata la pace, Enrico IV ricongiunse Lourdes alla Bigorre e alla Francia.

Sotto la Rivoluzione francese, il famoso maniero divenne solo una prigione di stato e poi una caserma. La Francia, dopo essere passata attraverso molte violenze e guerre interne, arrivò all'unità. L'imperatore Napoleone diede un nuovo assetto organizzativo al paese. I signori della guerra lasciarono il posto a una nuova classe sociale, quella dei funzionari, dei commercianti e dei notabili.

Lourdes, al tempo delle Apparizioni, era una piccola città di provincia non così ambita da villeggianti e turisti a causa del clima rigido e della posizione non facilmente raggiungibile. I notabili del paese si ritrovavano al Café Français, discutendo tra loro come uomini di cultura e leggendo i giornali provenienti da Parigi. La povera gente, invece, stentava come sempre e s'incontrava in buie locande.

Moltissime furono ovviamente le contraddizioni e lo scetticismo che segnarono le Apparizioni, finché anche l'autorevole parroco, l'abbé Peyramale, dopo un periodo di perplessità e di prudenza, dovette ricredersi, trasformandosi nel primo sostenitore dei fatti.

Cerco qualche volta di immaginare gli incontri tra la piccola, ignorante ma tenace Bernadette e il colto, apprezzato ed energico Peyramale. Due mondi diversi, un netto contrasto. Certamente il comportamento della giovane Bernadette fu esemplare: fermo, sereno e calmo nel riportare durante gli interrogatori, a volte pieni di trabocchetti, quello che aveva visto e ascoltato, niente più della verità.

A quelli che provarono a farla passare per pazza e isterica lei rispondeva con serenità e modestia: «La Signora mi ha detto di riferirvi tutto questo, non di convincervi». Questa fanciulla scelta da Dio non desiderava essere nulla di più che uno strumento, una messaggera del Cielo. Per questo non voleva fare cose più grandi di lei come, appunto, convincere i diffidenti.

Che cosa disse la Bella Signora

Ma cosa disse la Bella Signora a Bernadette? Le parole scambiate alla Grotta tra la Vergine e Bernadette, così come i gesti compiuti durante le Apparizioni, costituiscono il messaggio di Lourdes. Un messaggio semplice, limpido e per questo universale. Vediamone le tappe più importanti.

Giovedì 18 febbraio durante il terzo incontro avviene uno scambio di promesse: «Volete farmi la grazia di venire qui per quindici giorni?» chiede Maria nel dialetto del luogo. «Sì» risponde Bernadette. «Non vi prometto di rendervi felice in questo mondo, ma nell'altro» aggiunge la Signora. La piccola è commossa. Forse nessuno le aveva mai parlato con tanto rispetto. Chissà, però, se ha capito subito e bene cosa volesse dire la Signora con quelle parole. Perché la felicità non si può trovare anche qui? L'altro mondo, oltre la vita, dopo la morte, è quello dell'Amore senza limiti e senza fine.

Bernadette avrà modo e tempo in seguito per sperimentare la verità della prima parte di quella promessa, ma anche, ne sono certa, di quella della seconda parte delle parole di Maria. Certamente il Cielo le ha restituito tutto, non solo per il suo modo sempre umile e coerente di comportarsi fin quando è rimasta a Lourdes, ma anche la sua perfetta imitazione di Cristo come suora della carità a Nevers.

Giovedì 25 febbraio, una forza interiore fortissima spinge Bernadette di nuovo alla Grotta. Per la nona volta la Madonna le appare e le dice: «Vi dispiace mettervi in ginocchio e baciare la terra per i peccatori, mangiare l'erba che è là? Andate a bere alla sorgente e lavatevi il volto». La ragazzina non comprende ma ubbidisce e compie questi gesti apparentemente umilianti. Intanto, intorno a lei le persone la additano come pazza. Ma, all'improvviso, una sorgente d'acqua sgorga dal fango. In fondo alla Grotta ancora oggi si può vedere quella piccola fonte.

La Madonna ha voluto far capire alla ragazzina il senso del peccato che macchia il cuore come il fango, che lega lo sguardo umano alla terra, impedendogli di alzarsi verso il Cielo. Ma, anche, come possa essere lavato dalla Grazia e tornare luminoso. Per questo la invita a portare sempre gli altri all'interno della sua preghiera, in particolare i peccatori, quelli lontani dalla fede.

Intanto, lunedì 1° marzo, durante la notte, una certa Catherine Latapie va alla Grotta con il suo braccio paralizzato, lo immerge nell'acqua e subito guarisce. Se ne ritorna nel vicino villaggio con discrezione e per strada incontra Bernadette che si stava recando al dodicesimo incontro con Maria. Iniziano le prime guarigioni miracolose che tuttora continuano. Un uomo recupera la vista, un altro guarisce improvvisamente da una grave malattia.

Il 2 marzo la Signora formula un'ultima richiesta: «Andate a dire ai sacerdoti che si venga qui in processione e che vi si costruisca una cappella». Come abbiamo già visto, appena possibile fu costruita la prima basilica. Le altre poi seguirono. Oggi, nelle chiese interne al Domaine si celebrano circa cinquanta Messe al giorno, oltre alle due processioni: quelle già ricordate del Santissimo Sacramento, nel pomeriggio, e la processione serale mariana con le candele accese, mentre risuonano le note della commovente *Ave Maria di Lourdes.*

All'alba di giovedì 4 marzo circa ottomila persone aspettano un segno dal Cielo davanti alla Grotta. È l'ultimo giorno della quindicina chiesta dall'Apparizione. Dopo l'estasi di Bernadette, la folla entusiasta la segue fino a casa. Lei commenta: «La Bella Signora mi ha sorriso e abbiamo pregato, ma non mi ha detto addio».

Il 25 marzo, tre settimane dopo, è il giorno in cui la Chiesa festeggia l'Annunciazione. Bernadette si sente di tornare alla Grotta. Chiede tre volte: «Signora, abbiate la bontà di dirmi chi siete». Maria le risponde con dolcezza sempre in dialetto *bigourdan*: «Qué soy era Immaculada Councepciou». Ma che cosa significa? Bernadette certo non lo sa.

Ma la Chiesa, lo abbiamo visto, lo aveva spiegato definitivamente nel 1854 con Pio IX, solo quattro anni prima, proclamando il dogma dell'Immacolata Concezione. A differenza di tutti noi, Maria è stata concepita senza peccato e non ha mai peccato, è la Vergine Maria. Fu proprio quella rivelazione «Io sono l'Immacolata Concezione» riferita dalla Madonna all'ignorante e incolta Bernadette, che nulla sapeva della storia e dei dogmi della chiesa, a commuovere, convincere e sconvolgere il parroco Peyramale. Quella ragazzina raccontava il vero.

In un certo senso la Madonna, rivelando il suo nome, firmava il messaggio di Lourdes. L'oscura Grotta diventava così piena di luce. Un luogo dove l'altro mondo si manifesta a questo nostro povero mondo colmandolo di speranza e gioia.

La *tute aux cochons*, la grotta dei maiali, diventerà la Grotta benedetta che fa di Lourdes un centro di preghiera e di Grazia noto nel mondo intero.

Bernadette, testimone credibile

Quando penso che l'unica testimone delle Apparizioni di Lourdes è una ragazzina di quattordici anni che non sapeva né leggere né scrivere, di salute fragile e che non aveva neanche fatto la prima comunione, mi commuovo. Quando penso a Bernadette, al fatto che fin da piccola ha sofferto d'asma, poi di tisi, fino ad avere infezioni di ogni genere durante gli ultimi anni di vita, mi emoziono. E quando la osservo nelle fotografie che le ha fatto Paul Dufour, in bianco e nero, nel 1864, quando vedo quel suo sguardo serio, solitario ma, al contempo, determinato, penso che, contrariamente a quel che crediamo, in realtà sono gli umili a fare la vera storia, quella che conta sul serio. La fanno con la loro forza mite che è la forza di Dio.

Quegli occhi hanno visto Maria. Così, quando guardo attentamente quelle fotografie, le prime nella storia fatte a una santa, mi tremano i polsi. La cosa che mi affascina di più in questa ragazzina, e che emana da tutta la sua storia, è la sua purezza. Niente ella ha aggiunto al messaggio di Maria.

Ma mi colpisce anche la sua trasparenza che si evince da tutto il suo modo di essere; la sua tenacia nel cercare di sapere «chi è» questa «Signora» che le appare e di voler conoscere il suo nome. Poi la sua forza davanti alle intimidazioni delle autorità. E, infine, la fedeltà nell'andare agli appuntamenti con Maria, nonostante i dinieghi e gli ostacoli di tutti, dai parenti alle autorità civili e religiose. Sono queste doti che la rendono una testimone credibile. Un essere apparentemente fragile che in realtà possedeva doti umane insospettate.

Il mio incontro personale con Bernadette non è stato immediato. Per anni ho frequentato il santuario ripercorrendo i suoi passi senza darle, tuttavia, troppa possibilità di manifestarsi. Per me Lourdes era sempre stata Maria, la grande Mediatrice, perché, i convertiti lo sanno molto bene, il vero incontro è con Gesù Cristo.

Ma un giorno, mentre camminavo sull'Esplanade, rimasi colpita da una piccola statua della veggente ritratta con i piedi incrociati, una mano sotto il mento e l'altra che regge il rosario. Una adolescente-bambina, contornata da pecorelle adagiate sul prato. La scena ritraeva la semplicità di una vita modesta e nascosta, apparentemente insignificante. Scattò dentro di me come un flash. Non so dire come, ma da quel pomeriggio mi sentii particolarmente complice e legata a Bernadette.

Da quel momento la piccola santa dei Pirenei entrò prepotentemente nel mio cuore. Ancora oggi ogni volta che recito un'*Ave Maria* alla fine aggiungo sottovoce: «Nostra Signora di Lourdes prega per noi, Santa Bernadette prega per noi».

Scoprii in seguito che anche il famoso filosofo cattolico Jean Guitton amava particolarmente fermarsi a pregare davanti a quella statua. Dopo la Grotta era il suo luogo preferito a Lourdes.

Ciò che avevo capito quel pomeriggio davanti alla statua che la ritraeva (me ne accorsi più tardi riflettendovi), è che questa giovane veggente non è importante solo in relazione agli eventi storici di Lourdes. Ella è portatrice di un invito, di una chiamata che è ancora attualissima anche per noi oggi: cambiate il vostro cuore, qualunque sia lo sforzo richiesto. Dovrete affrontare una parte di fatica, di sofferenza, di «penitenza», per usare le parole di Maria. È tutto vero e può mettere un po' di paura, ma è la sola strada verso la vera felicità.

Lei ci ha detto allora e continua a ripeterci oggi le parole di Maria: «Andate a bere e a lavarvi alla sorgente». E la sorgente è, sì, l'acqua della Grotta ma è anche e soprattutto il Vangelo.

Nel 1933 Bernadette è stata proclamata santa. Ma, sarà bene precisare, non perché aveva avuto delle Apparizioni – questo di per sé non basta in quanto è un dono e non un merito – bensì per aver saputo vivere un Mistero così grande servendo con fedeltà, amore e tenacia Gesù Cristo, ogni giorno, nelle piccole cose della sua breve vita. Perché, lo sappiamo bene, di certo non fu facile per l'ormai famosa veggente, per colei che aveva visto e parlato con Maria, sfuggire alla curiosità dei fedeli e trovare un po' di pace e silenzio. E questo neanche dopo la scelta di entrare in convento.

Sui passi di Bernadette

I luoghi della sua vita

Lo abbiamo visto: Bernadette è la migliore introduzione alla realtà spirituale di Lourdes. E ancora oggi i pellegrini, giungendo in questa città mariana, ripercorrono i luoghi che l'hanno vista nascere e crescere fino alle Apparizioni e oltre, cioè fino a quando si ritirò nel convento di Nevers.

Ma occorre tuttavia porre attenzione, per fare in modo che questa ragazzina non diventi una caricatura. Certo era povera, analfabeta e di salute cagionevole. Ma rimaneva pur sempre una giovane gioiosa, energica, con una fede semplice e serena nonostante le difficoltà materiali in cui si muovevano lei e la sua famiglia. Basti pensare alla scena che i testimoni hanno raccontato di quando, dopo aver saputo finalmente il nome di *Aquerò,* si recò con la zia Bernarde dall'abbé Peyramale per riferirglielo e di come, per non dimenticarlo, saltellasse intorno alla zia, ripetendolo in continuazione.

Bernadette nasce al mulino di Boly il 7 gennaio 1844, viene battezzata due giorni dopo nella chiesa di San Pietro, che è stata poi distrutta per costruire la nuova parrocchiale, ben più grande. Ma il fonte battesimale, in granito dei Pirenei, è stato trasferito ed è conservato nella nuova chiesa, inaugurata nel 1903.

I primi dieci anni vive un'infanzia felice. Appartenere a una famiglia di mugnai rappresentava comunque una certa condizione sociale. I suoi genitori François Soubirous e Louise Casterot si amano, sono una coppia unita che saprà resistere a molte vicende difficili e a numerosi lutti.

Con il passare degli anni la situazione finanziaria del mulino diventa però sempre meno brillante. Ciò è dovuto in parte all'installazione nella valle di nuovi mulini industriali ma anche alla troppa generosità di François che non sempre si fa pagare la farina e che non è molto tagliato per gli affari.

Poi, quando Bernadette ha dodici anni, nel 1856, il dramma: il nuovo proprietario decide di sfruttare il mulino in proprio e i Soubirous si ritrovano in un sol colpo senza lavoro e senza casa. Se ne partono, tirando le poche masserizie su di un carretto, come profughi miserabili. Finiranno al numero 15 di rue des Petits Fossés, un tempo prigione ma poi chiusa e trasferita altrove perché considerata troppo malsana, al momento proprietà del cugino André Sajous. Questo tugurio putrido e buio diventa così la casa dei Soubirous e dei loro quattro bambini: Bernadette, Toinette, Jean-Marie e Justin. Un solo unico locale di quattro metri per quattro. Questo posto viene chiamato ancora oggi con il nome di *Cachot*, cioè prigione. È visitato da circa quattrocentomila persone all'anno. Molti, entrando, si fanno il segno della croce e spesso vi vengono celebrate delle sante Messe.

Le bocche da sfamare per i Soubirous ormai in rovina sono molte, in più il *Cachot* è un luogo umido e freddo. Bernadette, che soffre di forti attacchi di asma, viene mandata a Barthrès dalla sua nutrice Marie Lagües, un po' per farle cambiare aria ma anche per avere una bocca in meno da sfamare. Lì passerà l'inverno, alle prese con il gregge e con il carattere della nutrice abbastanza spigoloso, fin quando vorrà tornare a Lourdes per imparare a leggere e scrivere e seguire così le classi di catechismo dalle suore che gestiscono la scuola.

Barthrès si trova a quattro chilometri da Lourdes, tra i boschi. Adesso è una zona residenziale per gente benestante. Intorno alla piccola chiesa di San Giovanni Battista si possono ammirare delle case d'epoca ben restaurate, con i tetti in paglia di segale. Questa chiesa fu costruita nel sedicesimo secolo in stile romanico a tre archi. Chi la visita può pregare davanti allo stesso altare dei tempi di Bernadette. I pannelli rappresentano la vita del Battista: la visitazione, il battesimo di Gesù, la morte del santo. Chissà quante volte Bernadette li avrà meditati.

A Nevers annoterà sul suo diario alcuni pensieri riguardo l'apostolo prediletto: «Come annuncia Gesù ... come conduce a Gesù ... non cede che per umiltà, per obbedienza ... è necessario che egli cresca e io diminuisca».

Oggi quattro francescane curano la chiesa, non c'è però un parroco fisso. A Barthrès l'ambiente è raccolto, ovviamente ben più nascosto e silenzioso di Lourdes. Per raggiungere la Bergerie dove Bernadette andava a pascolare le pecore, insieme al suo amato cane Pigou, si prende un piccolo sentiero ripido e sterrato che attraversa un fitto bosco e arriva su verdissimi prati. Il forte contatto con la terra e la natura dà una sensazione di pace e di solitudine. Il fienile in pietra è ancora perfettamente conservato. La cancellata in legno che lo chiude è piena di firme, cuoricini e preghiere.

Ma, si sa, i guai quando iniziano non finiscono mai e lo stesso vale per i Soubirous.

Il padre viene ingiustamente accusato di furto e messo in galera. Alla miseria e al trauma psicologico si aggiunge anche la vergogna. Tutte queste sofferenze scavano dentro il cuore della piccola Bernadette e la preparano, senza che lei ne sia consapevole, a una missione che, da lì a poco, invaderà la sua vita.

Al ritorno da Barthrès, si iscrive come esterna dalle suore di Nevers all'Ospizio di Lourdes. Sarà una scolara spesso assente perché dovrà occuparsi dei fratellini più piccoli e delle faccende di casa.

Ma ecco, all'improvviso, l'evento imprevisto e straordinario. Così, a partire dall'11 febbraio 1858 le Apparizioni della Madonna si susseguono e la sconosciuta poverella diventa un personaggio. In questo contesto, tra le due ultime Apparizioni, Bernadette riesce finalmente a fare, il 3 giugno 1858, la sua prima e tanto desiderata comunione.

Poiché, dopo gli accadimenti straordinari, sempre più visitatori vogliono incontrare la veggente di Lourdes, per sottrarla alle folle il sindaco e il parroco Peyramale le propongono di entrare come pensionante alla scuola-ospizio. Vi abiterà dal 15 luglio 1858 fino al 4 luglio 1866, ritornando ogni settimana dai genitori. Bernadette impara così finalmente a leggere e a scrivere.

Ma, a poco a poco, le visite riprendono fino ad arrivare a trenta, anche quaranta per giorno. Bernadette cerca sempre di rispondere con generosità e affabilità: vescovi, preti, donne di campagna, signore dell'alta società, tutti vogliono ascoltare il racconto delle Apparizioni.

Passano così alcuni anni. Bernadette si è ormai fatta adulta e vuole dare un orientamento alla sua vita. Infine decide: «Voglio molto bene ai poveri, mi piace curare gli ammalati. Rimarrò tra le suore di Nevers».

La sua decisione viene resa nota il 4 giugno 1864, giorno dell'inaugurazione della statua di Maria alla Grotta, a cui per ragioni di salute non potrà partecipare. Due anni più tardi partirà per Nevers, per il noviziato delle «sue» suore, e non ritornerà mai più nell'amata Lourdes.

In città con René

Lourdes, è vero, è soprattutto il santuario, che ne costituisce il cuore.

Ma anche tutto ciò che lo circonda ha la sua importanza perché ne rimane indelebilmente segnato. I numerosissimi alberghi, i negozi di souvenir religiosi che si susseguono l'un l'altro e che riempiono le vie che scendono verso il Domaine, i tanti caffè che danno ristoro ai pellegrini e ai volontari in marcia per la città. È un'atmosfera strana, diversa da quella di tante altre città francesi, spesso molto simili fra loro. Vorrei riassaporarla.

Chiedo a René, il mio amico portiere del Moderne, di accompagnarmi a fare due passi in città.

Il Moderne è uno degli alberghi storici ed è situato molto vicino alla porta Saint-Joseph. Fu inaugurato nel 1903 da Benoite Soubirous, moglie di Jean, fratello di Bernadette. Benoite era piccola di statura, aveva una faccia larga e rotonda, i capelli tirati indietro a chignon ed era sempre vestita di nero. Una giovane donna di umili origini, abbastanza intelligente, però, da capire l'importanza del cognome del marito. Riuscì a ottenere prestiti dalle banche e a costruire un albergo moderno per l'epoca, frequentato dai più bei nomi dell'aristocrazia europea.

Oggi il Moderne è stato comprato da Franco Tedesco, un italiano sposato con una irlandese molto cattolica. Dicono che si sia convinto a concludere l'affare dopo aver letto il romanzo *Le bel Italien* di Bernadette Pécassou-Camebrac, originaria di queste zone. C'è chi afferma, un po' maliziosamente, che finalmente, grazie a questo libro, molti abitanti di Lourdes abbiano scoperto la storia della loro città. Una insinuazione rivolta ai ventimila cittadini che sembrano più interessati al commercio con i pellegrini che alla storia sacra delle Apparizioni. Ma così va il mondo. Non credo sia il caso di scandalizzarsi...

Non conosco la fede di René, ma lo vedo contento di passare del tempo con me. Lo stuzzico un po' sui temi religiosi e, alla fine, parlando di Bernadette, mi dice: «Lei ha sempre avuto la Grazia perché, seppur ignorante, ha insistito tanto per fare la comunione. Aveva intuito l'importanza di ricevere quel sacramento, pur senza conoscerlo. È quell'intuito tutto speciale riservato ai puri di cuore e agli umili». Ho l'impressione che abbia capito l'essenziale.

Una delle cose che risalta immediatamente all'occhio di chi visita Lourdes è una striscia rossa dipinta sull'asfalto che si snoda tra le strade che portano all'entrata del santuario. In genere il tappeto rosso è riservato ai Vip, alle persone famose, qui invece segna il percorso privilegiato riservato agli ammalati che si spostano in carrozzella e che vanno e tornano dalla Grotta.

Prima di dirigerci verso il castello, ci fermiamo in rue Sainte-Marie per prendere un caffè.

Claude Estrade è il gestore di un piccolo bar, rinomato per l'ottimo caffè e frequentato principalmente da barellieri e sorelle italiani. Mi incuriosisce conoscere un po' di retroscena dietro la facciata ufficiale di questa singolare città.

Claude è alto e magro, con degli occhi piccoli e furbi. Ci dice che il suo bar è una «petite Italie» dove si possono incontrare i chiassosi e allegri napoletani, i chiusi e tenaci sardi, i romani che sembrano una specie di casta a parte, gli enigmatici siciliani e i milanesi che, per lui, sono i clienti più facili e aperti. Claude è abilissimo nel riuscire a tenere ottimi rapporti con tutti. È un uomo, peraltro, di poche parole, ma con il quale dopo poche battute si instaura una grande complicità, perché come dice lui «il caffè unisce». Mi permetto di aggiungere che, sì, il caffè unisce, ma soprattutto quando è buono. Ci tiene a dirci che acquista i suoi grani presso la torrefazione del signor Crauste in place de l'Eglise a Lourdes. E aggiunge che nel suo piccolo locale di appena venti metri quadrati prepara circa milleseicento caffè al giorno. Spesso c'è addirittura la fila fuori e si può arrivare ad aspettare fino a quindici minuti.

Da dietro il bancone ricoperto di cartoline e souvenir arrivati da ogni parte del mondo Claude parla dei suoi clienti che si differenziano per orari e mesi dell'anno. Gli italiani sono i più mattinieri, molto concentrati sul loro pellegrinaggio. I francesi sono più spensierati, amano incontrarsi tra loro e apparentemente sono meno apprensivi nei confronti del loro servizio.

Mi piace ascoltare anche questi dettagli. La Signora della Grotta sa bene l'importanza dell'incarnazione, che è fatta anche di queste piccole cose di tutti i giorni. Ci si santifica nell'ordinario, ci ha ricordato san José María Escrivá de Balaguer.

Finito il rituale del caffè attraversiamo il ponte vecchio e saliamo per rue de la Grotte per dirigerci al castello-fortezza dove le antiche mura ancora oggi proteggono i visitatori dal freddo e dal vento che, soprattutto nella stagione invernale, non mancano mai a Lourdes. La chiesa del castello, Notre-Dame-du-Château, è arredata con arte religiosa realizzata dall'ebanista del XVII secolo, Jean Dauphole. La maggior parte degli oggetti qui raccolti si trovava nella vecchia chiesa parrocchiale di Saint-Pierre a Lourdes, prima della demolizione.

Da quassù la vista spazia a trecentosessanta gradi. È così possibile vedere bene la progressiva espansione della città: l'intreccio di vicoli e stradine antiche e poi attorno, a macchia d'olio, la città nuova. Una città con una cultura eclettica e accogliente, non solo un luogo pio per malati ma anche un posto dove, necessariamente, si incontrano culture e popoli diversi, un melting pot unico e singolare. Basta soffermarsi a leggere alcune insegne: Pizzeria, Salon de Thè, Brasserie, Espresso all'Italiana, Paris Parfum e così via.

Il famoso Café Français dove al tempo di Bernadette i notabili si riunivano è stato rimpiazzato da uno scintillante Mc Donald's. La gente del posto oggi frequenta la pasticceria Royale a due passi dalla chiesa parrocchiale e il mercato mattutino alle Halles. Si possono trovare ancora molti negozietti alimentari con ottimi prodotti locali: formaggi di capra e vacca, salsicce e prosciutto, foie gras fresco, torta del paese di vaniglia e anice, oltre al famoso Gateau à la Broche (dolce allo spiedo). Mi dicono che quest'ultimo sia ancora oggi il dessert per festeggiare un importante avvenimento familiare. La sua preparazione richiede molto tempo ma gli ingredienti sono semplici e poco costosi. Si fa girare lentamente un cono sul fuoco e gli si cola sopra un liquido preparato con uova, farina, acqua, zucchero vaniglia e alcol.

La grande attrazione cittadina, quella a cui nessun pellegrino resiste, sono tuttavia le migliaia di proposte di oggetti religiosi più o meno cari esposti nei negozietti. Devo dire che questo genere di shopping un po' kitsch mi diverte molto. Così è impossibile che torni da Lourdes senza un souvenir: un rosario, un'immaginetta di Bernadette oppure le Madonnine in plastica che fungono anche da contenitore per l'acqua. Non le acquisto per me, che ormai ho tutto il possibile su Lourdes. Me le porto a casa per regalarle agli amici, i quali, magari, inizialmente non dimostrano un grande entusiasmo. Io però faccio finta di non accorgermene, perché so che prima o poi le guarderanno con occhi diversi.

Consentitemi un consiglio pratico. Non mettete l'acqua nelle Madonnine già a Lourdes, perché vi inonderanno la valigia. Riempite, piuttosto, una grande bottiglia di plastica alle fontanelle del santuario e poi, arrivati a casa, fate il travaso con tranquillità. Parola di esperta.

Una visita alla tomba dei Soubirous

Mi era stato detto che al cimitero Egalité di Lourdes ci sono dei luoghi dedicati alla sepoltura dei sacerdoti morti in pellegrinaggio. Incuriosita desideravo visitarli e, approfittando dell'occasione, fare una visita alla tomba dei genitori di Bernadette.

La trovo. Sulla tomba in marmo grigio, sotto la croce, è incollata un'immagine della piccola santa con il rosario in mano. Lì sono sepolti François e Louise Soubirous. Sopra i loro nomi spicca una scritta in oro «Alla memoria di Bernadette Soubirous, in religione Suor Maria Bernarda, favorita da diciotto apparizioni della Santa Vergine. Nata a Lourdes il 7 gennaio 1844 e morta a Nevers il 16 aprile 1879. Il suo corpo riposa nella casa madre delle Suore di Nevers».

Mi intenerisco al pensiero di questi due genitori, credenti e praticanti, lui molto affettuoso e timido, lei più esigente e protettiva. Due persone semplici, oneste e per bene, scelte dalla Provvidenza per dare vita a una creatura con una missione importantissima per la Chiesa e il mondo. Allo stesso tempo immagino come siano stati provati non solo dalle tante vicissitudini della loro vita ma anche, poi, quando iniziarono le Apparizioni, dal vedere la propria figlia vivere una storia piena di contraddizioni o, forse sarebbe meglio dire, ricca di paradossi evangelici. Cercata e amata da molti ma anche denigrata da altrettanti, intimidita dalla polizia e dai magistrati, per mesi considerata una bugiarda. Credo non sia affatto facile vivere vicino a una veggente. Quando il soprannaturale irrompe in una vita, in qualche modo sempre la sconvolge.

Molti furono i personaggi che entrarono nel «caso Soubirous», espressione coniata dallo stesso commissario di polizia Jacomet il quale, convinto che si trattasse di una montatura, fece di tutto (in buona fede, era un fedele cattolico) per provare la frode delle Apparizioni.

Personaggi singolari, a cominciare da Alexis Lacadé, notaio e sindaco della città, che non voleva dispiacere alla popolazione né ai poliziotti anche se, in fondo, non era affatto seccato nel vedere tante migliaia di persone dirigersi alla Grotta perché intravedeva in questo movimento la possibilità di uno sviluppo economico per Lourdes. Per proseguire con il dottor Dozous, il medico condotto rinomato per la sua scienza. Un uomo scettico che non frequentava la chiesa, ma che dopo aver partecipato a un'Apparizione se ne andò via turbato. Sarà poi il cosiddetto «miracolo del cero» durante la diciassettesima Apparizione – la veggente la cui mano, in estasi, resta a contatto della fiamma a lungo senza bruciarsi – a convincerlo della buona fede di Bernadette.

Fino all'imperatore Napoleone III e sua moglie Eugenia, che nel settembre 1858 si trovavano a Biarritz dove furono informati sui fatti di Lourdes. L'imperatore, colpito, dopo aver chiesto ulteriori chiarimenti al vescovo di Tarbes, annullò l'ordinanza di divieto di entrata alla Grotta che era ancora in vigore, facendo sapere, tramite il suo ministro dei Culti che desiderava che l'accesso della Grotta fosse libero, così come l'uso dell'acqua della sorgente.

Giacomo, il cappuccino morto a Lourdes cantando il «Magnificat»

Un altro cimitero, il Largelle, custodisce invece il mistero di un frate cappuccino italiano adottato dai francesi e invocato come un santo dalla popolazione di Lourdes.

Si tratta di padre Giacomo Filon, che viveva in un convento di Udine e che, assai malato, nascondeva la sua sofferenza dietro un dolce sorriso. Un seguace di san Francesco, il cui destino si è intrecciato con quello di Lourdes, dove è molto venerato e dove, a giudicare dalle moltissime targhe di ex voto che circondano il suo sepolcro, ha dispensato e continua a dispensare molte grazie. Una storia rimasta sconosciuta per molti anni, venuta fuori grazie a un passaparola sussurrato che iniziò il 23 luglio 1948, giorno del suo funerale, e che è diventata sempre più prorompente. Infatti nel 1984 è iniziato l'iter burocratico per la causa di beatificazione.

A Udine padre Giacomo era un punto di riferimento molto importante, soprattutto per i sacerdoti che andavano numerosi a confessarsi da lui. «Per loro aveva una delicatezza particolare. Sembrava un giardiniere che cura con attenzione i fiori più delicati del suo giardino» ricorda un suo confratello, padre Zaccaria. Era un uomo con due grandi occhi chiari e trasparenti che ispiravano fiducia, era capace di trasmettere amore e dolcezza a tutte le persone che si rivolgevano a lui.

Un giorno padre Giacomo domandò al suo superiore di poter andare a Lourdes, ma il viaggio gli fu subito sconsigliato a causa della sua salute fragile, provata da una dolorosa encefalite letargica. Nonostante ciò, egli ripeteva di voler andare a vedere la Madonna, anche a costo di rimetterci la vita. Un padre cappuccino dell'epoca ha riferito che padre Giacomo diceva raggiante: «A Lourdes ci vado, ma non ritorno».

Ottenne finalmente il permesso di partire per il pellegrinaggio con l'Unitalsi di Udine. In quell'occasione confidò al professor Scovacricchi, che lo seguiva, di sapere che la Madonna gli avrebbe fatto compiere l'ultimo viaggio, senza dargli però il privilegio della guarigione. Il professore sbottò: «Perché ci va allora?». Ecco la risposta: «Per morire vicino a Maria».

Il 21 luglio 1948, verso le quattro del pomeriggio, dopo trentacinque ore di treno, durante le quali aveva confessato molti pellegrini, padre Giacomo giunse a Lourdes steso su una barella. Chiese di andare subito alla Grotta. Ma, dopo un viaggio del genere, fu invece portato all'Asile (un ospedale d'accoglienza) dove venne affidato alle cure della sorella Emilia Zuccato.

Disteso a letto recitò il Rosario, poi si addormentò. Il medico lo visitò senza trovare nulla di preoccupante. A un certo punto si risvegliò e iniziò a cantare il *Magnificat*. Subito dopo, le sue condizioni si aggravarono. Un frate minore presente in corsia gli somministrò l'olio santo. Alle ventitré spirò. Tutto si era compiuto in fretta, come egli aveva predetto. L'incontro mancato alla Grotta si era realizzato in modo ancor più perfetto. Maria aveva affrettato i tempi per questo suo figlio che tanto l'amava.

Il giorno dopo, nella Grotta, fu rievocata la morte serena del frate pellegrino. E l'indomani, 23 luglio, ci furono i funerali. Moltissimi furono i pellegrini, ma anche i cittadini di Lourdes, che accompagnarono padre Giacomo al cimitero comunale. Un fatto molto strano perché, in realtà, la notizia non era stata diffusa più di tanto. La sua salma, avvolta nel saio, fu calata direttamente nella terra in un angolo del camposanto dedicato ai pellegrini, contrassegnata dalla sigla S35.

Due mesi dopo, una donna di nome Madeleine Marthy mentre stava portando dei fiori sulla tomba del marito, passando davanti alla tomba di padre Giacomo sentì dentro di sé una voce che le diceva: «Se porti i fiori a tuo marito, perché non li porti anche a me? Se mi porti dei fiori ti prometto molte grazie». La donna iniziò a farlo e le grazie che chiedeva cominciarono ad arrivare.

Sempre più interessata a questo sacerdote, si mise allora in contatto con il convento di Udine, raccolse del materiale su padre Giacomo e fece stampare un libretto divulgativo sulla sua storia. L'anno seguente, il 25 ottobre 1949, il corpo fu riesumato e trovato ben conservato. Ciò creò interesse e sorpresa, producendo un prorompente passaparola sulla santità del frate. Il suo corpo trovò poi definitiva sepoltura in una zona centrale del cimitero, messa a disposizione da una signora di Lourdes.

Da allora la sua tomba è viva, non c'è momento dell'anno

che non abbia fiori freschi. È un continuo pellegrinaggio di fedeli che invocano il frate santo. La fama di padre Giacomo si è sparsa in tutto il sud della Francia; spesso una radio cattolica annuncia le grazie ricevute per sua intercessione. Moltissimi lo pregano, ovviamente senza averlo mai conosciuto: per tutti è il cappuccino umile, il frate morto a Lourdes cantando proprio il *Magnificat,* il canto di Maria. Una nuova perla che si aggiunge alla già ricchissima e preziosa collana di questo luogo privilegiato. Un altro testimone dello straordinario che qui si è compiuto e si compie ogni giorno.

Il segno dei miracoli

Sessantasette, finora, i miracoli riconosciuti

Ritorniamo nel Domaine per parlare di un altro aspetto legato a questo santuario mariano ai piedi dei Pirenei: i miracoli.

Nell'immaginario collettivo, Lourdes rimane per eccellenza il luogo delle guarigioni miracolose. Le prime guarigioni, come abbiamo visto, avvennero durante le Apparizioni a Bernadette. In seguito, sono continuate con costanza nel corso degli anni.

I miracoli riconosciuti ufficialmente dalla Chiesa cattolica in questi centocinquant'anni sono soltanto sessantasette. Un numero esiguo, se messo a confronto con i dossier su circa settemila casi di guarigione senza spiegazione umana. Ma, si sa, la Chiesa si muove con molta cautela in questo campo, vagliando i casi con molta attenzione e scartando tutte quelle guarigioni, pur clamorose, che possono permettere di avanzare qualche dubbio sul fatto che non si sia trattato di un intervento soprannaturale ma di un'evoluzione della malattia per altri motivi.

Ogni giorno nel primo pomeriggio, in una saletta dell'Accueil Jean Paul II, il dottor Patrick Theillier, capo del Bureau Medical (ufficio medico) del santuario, tiene una breve conferenza sulle guarigioni di Lourdes.

Ammette che, in cuor suo, vorrebbe più miracoli riconosciuti, ma la Chiesa, a differenza di quello che qualcuno crede, non ha mai favorito la ricerca del meraviglioso. La fede, infatti, riposa sulla Rivelazione. Naturalmente i miracoli evangelici, e tra loro in primo luogo la Risurrezione, fanno parte integrante della fede in Gesù Cristo. Ma i miracoli attuali, come del resto le Apparizioni, non sono oggetto di fede. Sono piuttosto da considerare dei regali di Dio per noi.

In effetti, il mondo ha bisogno di questi segni. Troppe volte però rimane colpito dalla spettacolarità del fenomeno senza cercare di penetrarne il vero significato perché, in realtà, le guarigioni fisiche inspiegabili da un punto di vista medico non sono in fondo altro che dei segni. Sono la punta dell'iceberg di tutte quelle altre guarigioni che si vivono a Lourdes, come quelle spirituali e interiori.

Occorre poi dire che, poiché un dossier di guarigione segue un puntiglioso percorso di esami che può durare quattro o cinque anni, ma spesso anche di più, parecchie di esse non vengono rese pubbliche perché chi le ha vissute non vuole sottostare a questo pesante iter.

Il dottor Theillier racconta che dal 1998, anno in cui ha accettato questo incarico medico, ha assistito a più di duecento guarigioni inspiegabili, di cui solo cinque hanno intrapreso il cammino per il riconoscimento da parte della Chiesa. E mi dice, in via ufficiosa, che con molte probabilità presto verranno proclamati altri due miracoli.

Ma che cos'è un miracolo? Questa parola è stata tanto usata che spesso se ne è perso il significato. «Miracolo» viene dal latino *miraculum*, la cui radice è il verbo *miror*, mi sorprendo. La sorpresa per l'irruzione divina nell'ordinarietà della vita. Irruzione che mira a ricordarci che Dio non soltanto esiste, ma che continua a operare nei nostri confronti. Così Dio, pur restando invisibile, si rivela nella nostra storia attraverso avvenimenti miracolosi, tra cui il miracolo della guarigione.

Negli ormai molti anni di lavoro alle piscine, dove l'acqua è apparentemente il mezzo più frequente per le guarigioni immediate, non mi è mai successo di assistere a una di queste. D'altra parte, il personale del santuario cerca sempre di buttare acqua sul fuoco e di non gridare mai al miracolo quando sembra che si sia verificato qualche fatto straordinario, volendo evitare che Lourdes diventi un luogo di fenomeni da baraccone. Anche perché, se davvero un miracolo si è compiuto, ci sarà modo di verificarlo con calma in altra sede.

Tra i sessantasette miracoli di Lourdes, due storie, tra le ultime in senso temporale, mi sono particolarmente care e vicine.

Quella di Delizia Cirolli forse perché, oltre a essere una madre di famiglia è anche diventata hospitalière del santuario per mettersi al servizio di coloro che soffrono. Nel 1976 la vita di questa ragazzina siciliana di undici anni era diventata un dramma. Un tumore aveva colpito il suo ginocchio costringendola a camminare con difficoltà. Il medico curante aveva consigliato addirittura l'amputazione. I genitori però rifiutarono questo intervento e, fiduciosi in Dio, si misero in preghiera con gli amici che conoscevano la bambina. Grazie alla raccolta di una colletta andarono in pellegrinaggio dalla Madonna di Lourdes. Tornarono a casa sfiniti dalla stanchezza mentre nulla sembrava essere cambiato. Anzi, subito dopo lo stato di Letizia si aggravò. Proprio mentre la famiglia vedeva ormai prossima la fine, arrivò improvvisa la guarigione. Delizia iniziò a mangiare, camminò, tornò a scuola.

Jean-Pierre Bély era, invece, un infermiere che conduceva una vita tranquilla fin quando venne colpito da una sclerosi a placche. Le sue condizioni precipitarono, fino a essere dichiarato invalido totale. Si recò a Lourdes con il pellegrinaggio del Rosario, il più grande e importante in Francia. Dopo l'unzione dei malati, sentì una grande pace interiore e si rese anche conto di aver ritrovato la sensibilità tattile e di potersi nuovamente muovere. Ma non osava ancora mettersi in piedi. Durante la notte, una voce lo confermò, ripetendogli: «Alzati e cammina». Era la certezza della guarigione.

Ma sono molte di più le guarigioni del cuore

Potrei continuare con la lista dei miracoli fisici che sono indubbiamente affascinanti, misteriosi e sorprendenti. Preferisco però fermarmi qui per dare spazio anche a quelle guarigioni meno eclatanti ma altrettanto importanti: le guarigioni del cuore.

Mi è capitato, infatti, in più occasioni, di portare amici e conoscenti a Lourdes. Sono stata, così, testimone di cambiamenti interiori davvero eclatanti. La provenienza sociale, l'educazione, la cultura, il potere economico e tutte quelle differenze che nella società hanno valore, ai piedi di Maria diventano ridicole e insignificanti. Per questo il cuore di ognuno, anche quello dei più resistenti, inizia ad aprirsi. È un processo quasi irrefrenabile. L'ho verificato molte volte.

Fra gli altri, ricordo il caso di un conoscente, una persona ricca e influente, quasi spocchiosa in certi suoi atteggiamenti. In un momento di grande tristezza, mi aveva confidato il suo malessere dovuto al tradimento della moglie con il suo più caro amico. Questo tormento, mi diceva, lo stava rendendo pazzo.

Lo ascoltai con attenzione mentre parlava ma, ovviamente, non avevo soluzione per i suoi problemi. Poi, all'improvviso, mi venne l'ispirazione di parlargli di Lourdes, del mio impegno al santuario, di quanto consideravo il pellegrinaggio un'esperienza valida per aprire nuovi orizzonti e trovare un sostegno spirituale. Mi guardò perplesso e mi rispose che ci avrebbe pensato.

Passarono alcuni mesi, fin quando una sera ricevetti una sua telefonata che mi annunciava che sarebbe ben volentieri venuto a Lourdes. Poi aggiunse: «Non ho molto tempo, quindi fai tutto tu per me». In un primo momento lasciai cadere questo particolare, accogliendo con gioia la sua decisione. Sapevo però, per esperienza, che chi decide di partire per Lourdes deve impegnarsi da subito anche nelle piccole cose, come per esempio andare personalmente a iscriversi al pellegrinaggio e depositare l'acconto.

Così, pochi giorni dopo, gli telefonai per tornare sull'argomento proponendogli di accompagnarlo alla segreteria organizzativa del pellegrinaggio, ribadendo però che doveva esporsi in prima persona. Non sembrò capire fino in fondo il perché, ma lo fece comunque, forse soltanto per educazione nei miei confronti.

Ci ritrovammo a Lourdes. Non volevo sembrargli troppo apprensiva, stargli troppo addosso, però ero in ansia perché mi sembrava smarrito in quell'ambiente. D'altra parte il primo giorno di pellegrinaggio è sempre una prova difficile. Gli passai allora alcune indicazioni di immediata sopravvivenza e gli consigliai di passare un po' di tempo alla Grotta.

Il giorno dopo mi disse che voleva confessarsi. Non lo faceva dal giorno del suo matrimonio, circa dieci anni prima. Con la gioia di figlia di quella Madre comune che è nei Cieli, registrai felice che la Grazia stava iniziando ad agire nel suo cuore.

Ancora oggi, ogni tanto mi ringrazia per quei giorni passati a Lourdes. Dopo il pellegrinaggio era tornato a casa e con la forza dell'amore ricevuto a Lourdes era riuscito a perdonare la moglie. L'anno dopo tornò al santuario in pellegrinaggio proprio con lei.

Solo una prova, tra le tante, della grande misericordia divina. D'altra parte, chi cerca Dio in un certo senso è già stato trovato da lui. E chi chiede aiuto a Maria difficilmente rimarrà inascoltato. Certamente, non sempre quello che chiediamo avviene secondo i nostri desideri e i tempi che noi vorremmo. Però sappiamo che, mentre noi non conosciamo quale sia davvero il nostro bene e, dunque, possiamo avanzare richieste sbagliate, il Signore invece sa bene ciò che davvero ci giova. E se ci fidiamo di lui, lo scopriremo, magari anche a distanza di anni.

Lourdes: pro e contro

La fede non ha paura della verità

Lourdes, lo dicevamo, è come una sorta di calamita che attira numerosissimi credenti, ma anche molti non credenti. E, forse, per questi ultimi sarebbe meglio dire che ciò che avviene in questo santuario costituisce una sorta di spina nel fianco. Soprattutto se si tratta di intellettuali, di quel genere di razionalisti che non vogliono arrendersi al fatto che qui, centocinquant'anni fa, sia successo qualcosa di straordinario i cui effetti tuttora continuano. Così, sugli avvenimenti della Grotta si sono cimentati in molti per confermarli oppure per cercare di demolirli.

Credo che, per capire meglio, occorra fare un passo indietro. Occorra cioè, cercare di capire il momento storico in cui si sono inserite queste Apparizioni. L'Europa in alcune sue parti, ma la Francia in particolare, stava iniziando a sperimentare i frutti di quella modernità che significava sviluppo dell'industria, della scienza, della tecnica, della medicina. Era, dunque, un uomo orgoglioso di se stesso, sicuro del proprio destino e del proprio avvenire quello a cui giungevano notizie che in quel remoto borgo ai piedi dei Pirenei stavano avvenendo fatti che sembravano usciti dalle favole, piene di superstizioni. Era necessario, dunque, mobilitarsi al più presto per smontare il congegno e svelarne la falsità. Tanto più che il fenomeno sembrava non solo mantenersi in vita, ma attirare un numero sempre maggiore di persone entusiaste.

Così, contro Lourdes, cominciò ben presto una pioggia di interventi, di articoli di giornali, di libri di ogni specie. La Chiesa, nella persona del vescovo di Tarbes, prima prudente, come è giusto, ma poi convinto sostenitore della verità delle Apparizioni (tanto che le riconobbe celermente) si prodigò anch'essa da subito per difendere Lourdes.

Già nel 1862, dunque appena quattro anni dopo i fatti, per volontà del vescovo stesso, fu pubblicato il *Mandato di Monsignor Laurence,* il documento ufficiale delle Apparizioni di Lourdes, frutto di un'inchiesta avvenuta tra il 28 luglio 1858 e il 18 gennaio 1862.

Anche l'istituzione del notissimo Bureau Medical risponde alla stessa logica: una difesa della verità dei fatti che fosse, insieme, una difesa della fede.

Così, in quel clima in cui tutto doveva essere spiegato in termini scientifici perché fosse preso sul serio, in un momento in cui si rischiava di confondere l'intervento soprannaturale autentico con gli imbrogli di bassa lega, diventava necessario indagare sui miracoli per capire e chiarire le cose e per difendere i miracoli stessi e, con essi, la fede cristiana.

Proprio per mantenere la trasparenza agli eventi che andavano succedendosi, proprio perché Maria e il suo ruolo potessero continuare a essere considerati come meritavano occorreva, dunque, che si trovasse il giusto equilibrio tra la modernità e la tradizione. Era cioè necessario che venissero, sì, applicati tutti i moderni strumenti di indagine della medicina e delle altre scienze a quegli eventi straordinari che accadevano ai pellegrini, ma il processo non doveva esaurirsi qui. Completate tutte le ricerche e dimostrato che certi eventi non erano scientificamente spiegabili, occorreva riaffermare con forza che era legittimo e ragionevole supporre un intervento del soprannaturale.

Lourdes, dunque, è importante anche per questa ragione: in un momento difficile per la fede, nella crisi che l'avvento della modernità andava insinuando, venne sempre gestita dalla Chiesa locale e universale con fermezza, intelligenza, trasparenza, lucidità, amore sincero. D'altra parte, alcuni studiosi delle Apparizioni affermano che l'intervento di Maria proprio in quegli anni, proprio in quel luogo di Francia, avesse anche questo scopo: opporre al laicismo che andava facendosi aggressivo un'esperienza del divino, una proposta di aiuto e di Grazia che potesse aiutare le masse spesso disorientate dei fedeli.

Così, mentre i miracoli si moltiplicano anche nei numerosi santuari mariani sparsi nel mondo, solo Lourdes possiede un Bureau Medical ben organizzato. Segno dei tempi in cui è nato, ma anche utile strumento per dimostrare che la fede non ha paura della verità.

Gli imbrogli di Émile Zola e la conversione di Alexis Carrel

Lourdes sembra avere avuto una grande attrazione anche su una particolare categoria di personaggi: gli scrittori. In molti se ne sono occupati. Qui accennerò a due dei più importanti che con i libri sono passati alla storia. Uno contro Lourdes, Émile Zola, che nel tentativo di demolirla, sicuro che fosse tutto un imbroglio, in realtà trasformò se stesso in un imbroglione. E l'altro, invece, a favore della verità di quanto era accaduto e accadeva in quel santuario: Alexis Carrel, premio Nobel per la medicina che, giunto sospettoso, quasi scettico, fu costretto dall'evidenza a convertirsi.

Zola, allora ammirato scrittore del positivismo ateo, era in un certo senso tormentato da Lourdes, attratto in modo quasi morboso dalle folle di credenti entusiasti che accorrevano al santuario. Pur essendo un dichiarato anticattolico, si diceva preoccupato che tutta quella gente semplice diventasse vittima di superstizioni e di imbrogli. Per questo decise di seguire il pellegrinaggio nazionale francese del 1892 diretto a Lourdes, scegliendo di viaggiare nel treno dei devoti. Il suo scopo principale era quello di osservare e studiare da vicino gli eventi, voleva farlo in incognito, anche se molti lo riconobbero. Da questa esperienza al ritorno scrisse un romanzo, *Lourdes* appunto, che fu un best seller e non solo in Francia.

Bernadette vi era definita «*une pauvre idiote*», una povera demente incolpevole, sfruttata cinicamente dai preti e in genere dai clericali per i loro interessi che poi, quando non servì più per la messinscena delle Apparizioni, fu messa sotto chiave, come in una prigione, in un convento lontano.

In realtà, Zola aveva avuto quello che per un miscredente come lui potremmo chiamare un incidente di percorso. Durante la processione eucaristica del pomeriggio assistette direttamente, assieme alla moglie che lo accompagnava, a ben due guarigioni istantanee e innegabili. Come fare per denigrare comunque Lourdes? Semplicemente, truccando le carte. Così, nel romanzo, le due donne vengono presentate come miracolate «provvisorie». L'emozione del momento avrebbe provocato un prodigio illusorio, mentre in realtà non c'era stata alcuna guarigione, solo un miglioramento temporaneo, subito svanito. Quando uscì il libro, però, le due donne (guarite sul serio e in modo definitivo: si possono consultare ancora i loro dossier medici) si riconobbero e si indignarono. Una di loro non si rassegnò alla menzogna e cominciò a scrivere ai giornali e a presentarsi in assemblee pubbliche, accusando lo scrittore di falso. Stava per scoppiare lo scandalo. Zola ebbe l'ardire di presentarsi a casa di quella miracolata «pericolosa», offrendole una grossa cifra perché lasciasse la Francia e andasse all'estero: lui suggeriva il Belgio e promise che si sarebbe dato da fare per organizzare la partenza e la sistemazione. Ma quella signora era davvero irriducibile e non solo rifiutò l'interessata offerta ma rivelò tutto ai giornali, senza che Zola potesse replicare.

Di tutt'altro genere e serietà la testimonianza di Alexis Carrel. Anch'egli era attratto fortemente da ciò che avveniva nella cittadina pirenaica e nel suo *Viaggio a Lourdes* racconta di come vi si recò nel 1903 per osservare con imparzialità scientifica i fenomeni miracolosi che continuavano ad accadere.

Lì giunto, quasi suo malgrado, Carrel, che nel libro si maschera dietro un personaggio di nome Lerrac, è coinvolto nella vicenda di una ragazza malata affetta da peritonite tubercolare in fase terminale che, condotta davanti alla Grotta, viene miracolata. E questo contro ogni sua previsione. Egli, infatti, da medico, aveva diagnosticato la morte della paziente in breve tempo. Gli toccò invece di assistere a una guarigione prodigiosa, inspiegabile da un punto di vista biologico.

Stupefatto e travolto dai fatti, vuole tuttavia mantenere la sua visione di scienziato che cerca di approfondire e proseguire gli accertamenti. Il famoso medico si rende conto però che non si tratta «di una semplice adesione a un teorema di geometria, ma di cose che possono cambiare l'orientamento della vita». Alla fine, anche per lui, ecco farsi strada la conversione del cuore e della mente e l'avvicinamento alla preghiera. Nell'ultima pagina del suo avvincente racconto tutto diventa ormai chiaro:

> Con lo spirito tutto preso dalla sua preghiera, non sentiva che oscuramente la deliziosa frescura notturna. Quando si ritrovò in camera sua, gli sembrò che fossero passate molte settimane dalla sua partenza. Tolse dalla valigia il suo grosso quaderno verde e si accinse a scrivere le osservazioni sulle ultime ore della giornata: erano le tre del mattino. A oriente un chiarore bianco rompeva la profondità della notte. Il fresco entrava più vivo dalla finestra aperta. Gli parve che la serenità delle cose fosse scesa nella sua anima, in dolcezza e pace. Le preoccupazioni della vita quotidiana, le ipotesi, le teorie, le inquietudini intellettuali erano scomparse. Sotto la mano della Vergine, gli parve di aver conquistato la certezza. Credette di sentire la mirabile pacificante dolcezza, e tanto profondamente che, senza angoscia, sviò un ritorno di dubbio minaccioso. Nell'ineffabile bellezza del mattino, Lerrac si addormentò.

L'importante lavoro di René Laurentin

Molte, dunque, le polemiche attorno a Lourdes in questi primi centocinquant'anni. Increduli che cercavano in tutti i modi di trovare la frode, che per loro era certa, e credenti che rispondevano dimostrando la verità e la trasparenza di Lourdes.

Occorre dire che il compito di questi ultimi non era poi così difficile, perché esistevano moltissime testimonianze, documenti autentici, serietà piena nella gestione da parte dei responsabili anche di ciò che seguì le Apparizioni. Mentre il popolo dei pellegrini, che accorreva sempre più numeroso al santuario guidato dal suo *sensus fidei*, non si è mai lasciato impressionare da polemiche spesso solo ideologiche e pretestuose. Chi viveva l'esperienza di Lourdes dall'interno e con cuore aperto non poteva avere dubbi sulla sua autenticità.

Tuttavia, in occasione del centesimo anniversario delle Apparizioni, il vescovo di Tarbes e Lourdes, Pierre-Marie Théas, decise che sarebbe stato comunque opportuno mettere a disposizione di uno storico tutto il materiale disponibile, aprirgli tutte le fonti, in modo che potesse compiere una ricerca approfondita e pronunciare in qualche modo la parola definitiva verso chiunque continuasse a sollevare sterili polemiche.

La scelta cadde sul sacerdote francese René Laurentin, giovane ma già noto come mariologo e professore universitario, che si assunse volentieri l'arduo incarico. Laurentin lavorò con tenacia, passione, precisione quasi maniacale per quasi un ventennio, raccogliendo tutto il materiale possibile su Lourdes, verificandolo fin nei minimi dettagli con attenzione estrema.

Il frutto di questo suo lavoro furono una serie di volumi che consentono ora a tutti coloro che lo desiderassero di approfondire ogni punto dell'intera vicenda. I primi sette volumi sono una raccolta impressionante di documenti. Si intitolano infatti: *Lourdes: documents authentiques.* Da questi libri, che contengono anche tutti i commenti di verifica dei documenti stessi – praticamente ogni parola è stata analizzata con estrema cura – lo studioso ha tratto altri sei volumi che, con altrettanto rigore, ricostruiscono la storia dell'intera vicenda e che si intitolano: *Lourdes: histoire authentique.*

Naturalmente si tratta di libri adatti più agli studiosi che al grosso pubblico. Per questo, sempre Laurentin, ha pensato e realizzato un volume più piccolo e divulgativo che tutti potessero leggere. È il famosissimo *Lourdes: cronaca di un mistero* che, tradotto anche in italiano, continua a essere un punto di riferimento fondamentale per gli amanti del santuario mariano e della sua bella e misteriosa storia.

Ma non è ancora tutto. Colpito, come ogni persona che ami Lourdes, dalla semplicità e dalla trasparenza di Bernadette (anch'essa spesso calunniata), dopo essersi occupato della fase relativa alle Apparizioni, Laurentin volle dedicarsi a studiare nei dettagli la vita della veggente ormai diventata adulta ed entrata come suora nel suo convento di Nevers. Fu aiutato in questo dalle stesse consorelle che si misero a sua disposizione.

Nacque un nuovo best seller, quel *Bernadette vi parla* che ha permesso a tanti di conoscere in profondità la ricchezza interiore, la purezza di intenzioni ma anche la sobrietà, la solidità psicologica oltre che spirituale di questa piccola grande donna. Non era affatto una povera isterica come avevano insinuato psichiatri disinformati e fortemente condizionati dalle ideologie che praticavano. Era, invece, una semplice secondo il Vangelo, questo sì. Una ragazzina, prima, e una donna, poi, a cui la Provvidenza aveva donato di conservarsi nell'infanzia spirituale, dono al quale ella aveva risposto con adesione fiduciosa e amorevole. Maria si era scelta una messaggera adeguata al compito che le era stato assegnato.

Dopo questo ampio e profondo lavoro di Laurentin su Lourdes – sono gli studiosi a dirlo – non c'è praticamente altro da aggiungere. È stata detta la parola definitiva. Le polemiche non sanno più dove attaccarsi, mentre i fedeli possono continuare tranquilli – come, del resto, avevano sempre fatto – i loro pellegrinaggi per incontrare la Madre di Dio.

Ancora una volta la fede non ha avuto paura della verità e questo perché Lourdes non aveva alcun bisogno di bugie.

Nevers: quel piccolo corpo intatto

Verso la città che accoglie le spoglie di Bernadette

Il tempo che avevo destinato a Lourdes anche stavolta è finito. I giorni di questo pellegrinaggio un po' diverso dal solito sono volati via. Ma non voglio tornare subito a Roma. Quello che desidero è piuttosto visitare Nevers.

Non l'ho mai fatto, ma ora sento che è venuto il momento di approfondire ancora di più il legame con Bernadette, di conoscere più da vicino anche la seconda e ultima parte della sua vita, quella lontana da Lourdes, nel convento che aveva scelto per farsi suora, nella città in cui ora riposano le sue spoglie mortali.

Raggiungere Nevers da Lourdes è faticoso. Sia in treno che in macchina è necessaria una giornata di viaggio per percorrere gli ottocento chilometri che separano le due città. Decido, dunque, di volare da Tarbes a Orly e poi di noleggiare una macchina. Da Parigi a Nevers sono solo poche centinaia di chilometri di autostrada.

La sera prima di partire già mi sento, come dire, «rientrata nel mondo», dopo i giorni di immersione pressoché totale nell'atmosfera del santuario. Decido dunque di seguire l'ultimo faccia a faccia televisivo per le elezioni presidenziali francesi tra Nicolas Sarkozy, divenuto poi presidente della Repubblica, e Ségolène Royale.

Confesso che, prima di assistere al duello tv avevo una certa simpatia per Ségolène, una bella donna che mi sembrava avesse anche grandi capacità politiche. Resto invece delusa dal suo modo arrogante di parlare; mi sembra inadeguata al ruolo istituzionale per cui sta gareggiando. Sarkozy, il duro ex ministro degli Interni, appare invece pacato, con le idee chiare, quasi spiazzato dalla violenza verbale che la Royale gli butta addosso.

Tutte cose importanti, rifletto. Le realtà temporali hanno una loro giusta rilevanza e autonomia. Ma, lo confesso, provo una certa fatica, dopo la sensazione di pienezza avvertita in questi giorni, a rituffarmi nei problemi politici dove, spesso, per chi vi agisce, la verità non è l'obiettivo più importante.

Da Orly prendo la A6, attraverso la bella foresta di Fontainebleau per immettermi su un'autostrada quasi deserta che attraversa valli e boschi incontaminati. Entro poi in Borgogna, terra famosa per i vini. Mi sfilano davanti le rinomate cantine e produzioni di Chablis, Sancerre e Pouilly Fumé.

Dopo tre ore di viaggio giungo finalmente alla periferia di Nevers. È vero che non sono venuta con lo scopo principale di visitare la città, ma l'impatto è deludente. Lunghe e anonime strade asfaltate con molti nuovi edifici, alcune fabbriche di ceramiche, cioccolato e caramelle. Scoprirò dopo che l'arrivo in città da Moulins, passando sul ponte della Loira, è molto più bello e suggestivo.

Un tempo, Nevers era una cittadina importante. Bastano a confermarlo il bel palazzo municipale, quello ducale, il teatro e la splendida cattedrale in stile gotico che, durante la seconda guerra mondiale, il bombardamento del 17 luglio 1944 danneggiò gravemente. Per questo le vetrate sono state rimpiazzate da anonimi vetri bianchi. Leggo su un pieghevole appoggiato su un banchetto che alcuni artisti, su commissione del Comune, stanno lavorando per riproporre delle vetrate con temi e disegni contemporanei.

Vicino alla cattedrale sorge la cappella di Sainte-Marie, con una deliziosa piccola facciata barocca. Purtroppo, mi dicono, è sempre chiusa al pubblico e viene aperta soltanto per la celebrazione di matrimoni.

Finalmente scorgo il cartello che segnala «Chasse de Bernadette», lo seguo e dopo poche centinaia di metri arrivo al convento Saint-Gildard, oggi trasformato in centro accoglienza e albergo per pellegrini.

Tra le mura del «suo» convento

Oggi le suore della carità sono vestite come delle signorine laiche anche se hanno preso i voti di vita consacrata. La loro casa è pulita, semplice e accogliente per i pellegrini. Sulla facciata la scritta «Deus caritas est» ricorda il loro motto.

Il parco è protetto da alte mura. Seguo i cartelli che indicano il percorso di Bernadette per giungere alla statua di Nostra Signora delle Acque dove la piccola suora amava fermarsi per pregare. Il tragitto attraversa un giardino curato a siepi di bosso e prato. Nella cappellina di Saint-Josef era conservata la salma di Bernadette prima della riesumazione e della traslazione nella chiesa dove si trova attualmente. Passeggio su e giù per i vialetti, immagino il grande sacrificio di Bernadette nel lasciare Lourdes. Quella di venire fin quaggiù deve essere stata per lei una decisione sofferta e complicata.

Questo luogo non ha nulla della gioia e luminosità di Lourdes, pur nella concentrazione del dolore umano. D'altro canto, ciò che era capitato alla piccola Soubirous superava talmente qualsiasi avvenimento umano che la scelta di nascondersi è stata sicuramente quella giusta. Se fosse stata invece una approfittatrice, come qualcuno l'aveva accusata di essere, avrebbe sicuramente cercato di trarre guadagni economici e fama personale dalla sua esperienza. La sua scelta di annullamento, invece, per lasciare tutto il posto alla Signora di Massabielle e al suo messaggio, si è rivelato un vero atto di amore per la sua *Aquerò*.

Dopo la testimonianza della parola a Lourdes, a Nevers per Bernadette è stato il tempo della testimonianza della vita.

Dall'angolo del giardino dove è posizionata la statua della Madonna si sente il treno passare. Questo rumore me ne rammenta un altro. Quello del treno che Bernadette prese per giungere fino a qui. Fu un lunghissimo viaggio, come lei stessa racconta in una lettera spedita alle suore dell'Ospizio di Lourdes.

Siamo arrivate mercoledì alle sei di sera a Bordeaux e ci siamo rimaste fino all'una di venerdì. Vi prego di credere che abbiamo ben approfittato del tempo per passeggiare, e andare in giro in vettura! Ci è stata fatta visitare tutta la casa. Ho l'onore di dirvi che non è Lourdes, e soprattutto non una Istituzione Imperiale; si direbbe piuttosto un palazzo che una casa religiosa! Abbiamo visitato anche la chiesa dei carmelitani; da lì ci siamo dirette verso la Garonne per vedere i barconi. Abbiamo poi visitato il parco botanico, dove abbiamo visto qualcosa di nuovo: indovinate cosa? Dei pesci: rossi, neri, bianchi, grigi: è ciò che mi è piaciuto maggiormente, vedere questi piccoli animali nuotare in presenza di una folla di piccoli monelli che guardavano. Venerdì abbiamo dormito a Périguex. L'indomani ci siamo rimesse in viaggio alle sette del mattino e siamo arrivate a Nevers verso le dieci e mezza della sera.

Che commovente delicatezza di dettagli e quanta ingenuità innocente in queste poche righe!

Chissà quante volte negli anni di silenzio, di preghiera e di sofferenza trascorsi tra queste mura, Bernadette avvertì il rumore del treno che passava sulle rotaie e con esso il ricordo di quel viaggio che l'aveva portata per sempre lontana dalla sua Lourdes e dalla Grotta.

Devo ammettere che, fatte le debite proporzioni, anche per me il passaggio da Lourdes a Nevers è stato un piccolo shock, un cambio netto. Dall'abbraccio luminoso della Grotta, al silenzio, a volte plumbeo, di questo convento un po' triste. Ma, con il passare delle ore, inizio ad abituarmi a Saint-Gildard.

Qui Bernadette passò tredici anni. Una vita semplice, nella routine del servizio giornaliero, scandito da meditazioni e preghiere. Disse di aver scelto le suore della carità per poter stare vicino ai poveri e ai sofferenti. Ma i suoi ultimi anni furono segnati dalla malattia e la costrinsero spesso in infermeria nel suo letto a cortine che lei stessa soprannominò «la mia cappella bianca».

Davanti a quella teca

La chiesa neogotica del convento di Saint-Gildard con le vetrate moderne non ha molto charme. Vi è conservato però un tesoro inestimabile per i devoti di Lourdes e della piccola santa dei Pirenei: all'interno di una teca con decorazioni in stile art nouveau, su un materassino in raso bianco, è adagiato il piccolo corpo di santa Bernadette. Un minuscolo corpo che la Grazia ha mantenuto intatto, nonostante siano passati più di cento anni dalla morte. Un piccolo corpo riesumato prima nel 1909 e poi nel 1919, trovato sempre perfettamente conservato, come se la morte non avesse avuto nessun potere su di esso, malgrado l'umidità della tomba e le malattie che in vita lo avevano devastato.

Una delle dimensioni della santità di Bernadette che mi colpisce molto è sicuramente quella di aver vissuto sino alla fine la propria malattia con pazienza, fede e coraggio proprio mentre a Lourdes, di cui lei era stata lo strumento terreno, si moltiplicavano i miracoli di guarigioni anche fisiche. Un contrasto strano e significativo.

Il suo corpo intatto è un chiaro ed evidente segno di Grazia, perché non ha subito alcuna pratica né di mummificazione né di imbalsamazione. Si tratta di un fenomeno biologico straordinario. Per la Chiesa ortodossa, l'incorruttibilità è già un segno di santità.

Il capo della santa è appoggiato su un cuscino ricamato a mano ed è leggermente rialzato e inclinato sulla sinistra. Il volto, addormentato nella serenità, è avvolto dall'abito nero monacale e dalla cuffia bianca; le mani giunte tengono un rosario. Una suora, una santa che dorme davanti ai pellegrini in ginocchio che l'ammirano, cercando di captare su quel viso dolce un pizzico del Mistero soprannaturale. Basterebbe un po' di riflesso di quella Luce celeste che solo lei, ragazzina, ebbe la grazia di vedere.

Ma il volto di Bernadette che si può ammirare nella teca è molto diverso da quello della pastorella che vide la Madonna. Ha l'espressione di una donna che poi, crescendo, seppure chiusa in un convento, ha conosciuto la vita. È come se gli anni lo avessero addolcito, mentre la forza birichina giovanile è sparita del tutto.

Dietro la teca è posizionata una suggestiva statua di una Madonna con una corona in testa e il bambino in braccio. Un grande crocifisso con il corpo del Cristo nero è invece posizionato dietro l'altare principale e decora tutto l'abside. Questi erano i luoghi di preghiera di Bernadette.

Mi è difficile lasciare la chiesa. Vicino al corpo della piccola santa si sta bene, perché è un luogo colmo di amore: amore verso Dio ma anche verso il prossimo.

Fuori dalla chiesa incontro una numerosa famiglia indiana, sono almeno in quindici tra adulti e bambini. La mia curiosità mi spinge a parlare loro. Dopo brevi convenevoli mi raccontano che vivono in Germania. Chiedo loro se siano cristiani, mi rispondono che sono induisti. Sono appena arrivati da Lourdes, dove hanno portato in pellegrinaggio un giovane ragazzo in coma sdraiato su una lettiga. Il padre e la madre hanno un sorriso sincero e aperto. Sono venuti fin qui con la speranza del miracolo.

Li accompagno davanti al corpo di Bernadette, mentre un gruppo di austriaci intona l'*Ave Maria di Lourdes*. Ci mettiamo tutti a cantare. Mi tornano in mente le parole della piccola santa sul letto di morte, mentre le consorelle le affidavano «messaggi» da presentare a quella Signora che stava per rincontrare in Cielo, come le aveva promesso: «Non dimenticherò nessuno». Il popolo di Maria, quello di Lourdes, si ritrova così anche a Nevers, per la gioia di Bernadette che certamente, da dove è ora, segue tutto con tenerezza.

La sera, invece di restare dalle suore in questo posto un po' malinconico, decido di andare a mangiare in città al famoso Café Carlot, situato nella piazza principale. Ordino un pezzo di pollo con senape e spezie locali, un buon bicchiere di Pouilly Fumé e, per dessert, la specialità della casa, crème brûlée.

Gli abitanti di Nevers amano la discrezione e il silenzio.

Soltanto al momento di pagare il conto il cameriere mi chiede dove stia alloggiando e poi aggiunge: «In questa città morì una figlia di Carlo Magno». Chissà se sa che qui è morta anche un'altra «figlia» e di una Signora ben più importante del pur famoso e grande imperatore!

Al ritorno a Saint-Gildard trovo aperta la porta interna che introduce alla chiesa. Entro. Non c'è nessuno. Mi siedo allora vicinissima alla teca di Bernadette. Dopo qualche minuto nel silenzio quasi assordante della cappella, ho la netta sensazione che la santa voglia dirmi qualcosa. Passano alcuni secondi quando una voce che sale dal profondo del cuore mi dice: «In guardia! Attenzione! Non ci può essere una vera conversione senza la penitenza».

Inizio a provare una certa agitazione interiore, ma anche esteriore. Mi guardo intorno ma non vedo nessuno. Credo di aver ricevuto un piccolo e amorevole risveglio. Troppe volte siamo tentati di sederci sui successi spirituali, mentre ogni giorno occorre ricominciare, e proprio nella linea che Maria ha indicato a Bernadette: quella preghiera e quella «penitenza» che non è rinuncia alla vita, come qualche volta crediamo, ma consapevolezza che questa nostra esistenza va presa sul serio. E, dunque, vissuta con impegno anche negli aspetti più faticosi perché frutto non del caso ma di un misterioso e altrettanto affascinante disegno divino.

Trascorro una buona notte di sonno, malgrado un vecchissimo e corto materasso a molle. Il mattino seguente partecipo alla Messa, faccio la comunione e con l'ostia consacrata ancora in bocca mi inginocchio davanti al corpo di Bernadette. Passo dei minuti di preghiera unita nella comunione dei santi con lei. Una sensazione di amicizia profonda, di conoscenza reciproca, di amore fraterno.

Dopo la funzione salgo al primo piano dell'edificio per visitare i locali dove un tempo c'era l'infermeria. Nella stanza dove Bernadette è morta (in poltrona vicino al caminetto, soffocata dall'asma) è stato posizionato un piccolo altare. Pio XI canonizzò Bernadette l'8 dicembre 1933, avrebbe avuto allora ottantanove anni.

Dal centenario della morte i gruppi di pellegrini si susseguono con frequenza. Vengono fino a Nevers per capire la santità di Bernadette nella vita semplice e ordinaria del convento, perché tra queste mura non successe nulla di straordinario. Incontro suor Geneviève, originaria di Montpellier, che ha preso i voti nel 1973. Le chiedo se è vero che Bernadette fu trattata male dalle sue consorelle in convento. Mi risponde che dopo un inizio difficile, in particolare con la maestra delle novizie, tutto prese un percorso normale. Le pongo un'altra domanda: desidero sapere chi sia Bernadette per lei. «Una suora della carità che aveva appieno il carisma di manifestare ai più poveri la tenerezza di Dio. Oggi non facciamo la carità come un tempo, ma la viviamo. Qui siamo al servizio di Bernadette e del suo messaggio.»

Tornerò ancora e sempre

Sono rientrata a Roma e ho ripreso la vita di sempre, scandita dalle tante telefonate, dai molti incontri, dalle conferenze in giro per l'Italia, dagli articoli per i giornali, dai frequenti viaggi per le presentazioni dei libri tradotti all'estero. Dopo qualche giorno, il ritmo si fa frenetico e i momenti di vita evangelica vissuti a Lourdes sembrano lontani.

Ritorno con il pensiero ai giorni passati al santuario e poi a Nevers. Mi domando quanto sia stato importante per me conoscere da vicino l'altro tratto della vita di Bernadette. Indubbiamente non si può capirla appieno senza essere stati anche nel convento che la vide suora e che ora custodisce le sue spoglie. Così, mentre Lourdes è Maria, Nevers è la semplicità di Bernadette.

Certo, si può andare a Lourdes per trovare Maria senza necessariamente dirigersi poi a Nevers. Ma credo che vederli entrambi permetta di avere una visione più profonda e completa della storia straordinaria che si svolse centocinquant'anni fa in quella cittadina ai piedi dei Pirenei e che ancora continua.

Avevo lasciato Lourdes con impresso nel cuore lo sguardo forte e deciso della giovane Bernadette, quale ci appare dalle fotografie che ce la fanno conoscere. Due occhi limpidi che esprimevano già perfettamente la sua grande profondità spirituale.

Sono partita da Nevers con impressi nella mente quegli

stessi occhi dolcemente socchiusi. Occhi di chi dorme il sonno del Signore e allo stesso tempo certamente vigila sul popolo di Maria.

Suona il telefono. Dall'altra parte c'è don Vittorio. Riconosco immediatamente il suo timbro di voce squillante che l'incidente aveva spazzato via per questi lunghi mesi rendendola quasi irriconoscibile. «Donna Alessandra, la chiamo per dirle che ho iniziato a stare in piedi da solo. Sono riuscito a percorrere a piccoli passi tutto il corridoio del seminario di Gricigliano.» Rimango sbalordita, quasi impietrita dalla notizia. Trovo però la forza per ribattergli: «Che cosa ha detto? Può ripetermelo, per favore?». «Sì, certamente, lo ripeto volentieri. È venuto il dottore per visitarmi, e mi ha comunicato che non serve più che faccia il botulino al ginocchio perché si sta distendendo naturalmente da solo. Ha anche riscontrato un formidabile recupero neurologico. Da quando sono tornato a casa dico tre Rosari al giorno, invocando la Vergine di Lourdes e Bernadette. Dopo il bagno alle piscine, avevo sentito che la Madonna mi aveva concesso la Grazia.»

Un brivido di gioia mi trapassa il corpo in tutte le direzioni. Provo nel mio cuore il bellissimo sentimento della gratitudine. Anch'io, di riflesso, ho avuto una Grazia, quella di aver potuto accompagnare qualcuno alla Grotta e di aver potuto assistere alla sua trasformazione.

Sì, so che tornerò, so che Lourdes mi aspetta ancora e sempre.

Nostra Signora di Lourdes prega per noi, santa Bernadette prega per noi!

Desidero ringraziare tutte le persone che in questi anni mi hanno accompagnato e aiutato nel lavoro, non sempre facile, alle piscine di Lourdes. Chiedo perdono a coloro che potrebbero essere rimasti male per il mio carattere a volte troppo irruento e determinato.

Ringrazio Rosanna Bricchetti Messori per l'amicizia dimostratami.

«Lourdes»
di Alessandra Borghese
Collezione Ingrandimenti
Arnoldo Mondadori Editore S.p.A.

Questo volume è stato impresso
nel mese di gennaio dell'anno 2008
presso Mondadori Printing S.p.A.
Stabilimento NSM *- Cles* (TN)

Stampato in Italia - Printed in Italy